E-Book inside

Mit dem Kauf dieses Buchs erhalten Sie das zugehörige E-Book gratis. Sie können dabei aus drei Dateiformaten wählen: EPUB (gängiges Format für E-Reader und Tablets), PDF (für PC und Laptop) oder MOBI (für den Amazon Kindle). So kommen Sie an Ihr kostenloses E-Book:

Rufen Sie im Internet diese Website auf:
↗ http://www.junfermann.de/ebook-inside

Geben Sie den unten stehenden Code in das dafür vorgesehene Feld ein und klicken Sie → Code einlösen. Nach Eingabe Ihrer E-Mail-Adresse und Auswahl des E-Book-Formats erhalten Sie sofort einen Download-Link für das gewünschte E-Book an Ihre E-Mail-Adresse.

Bitte beachten Sie, dass der Code für Sie personalisiert wird und nur einmal gültig ist. Die Datei müssen Sie zunächst auf Ihrem Computer speichern, bevor Sie sie auf ein mobiles Endgerät überspielen können.

9VS7LN9N

Sabine Prohaska

Lernen im digitalen Wandel

Der E-Learning-Kompass für erfolgreiche Schulungskonzepte

www.junfermann.de

blogweise.junfermann.de

www.facebook.com/junfermann

twitter.com/junfermann

www.youtube.com/user/Junfermann

www.instagram.com/junfermannverlag

SABINE PROHASKA

LERNEN IM DIGITALEN WANDEL

DER E-LEARNING-KOMPASS FÜR ERFOLGREICHE SCHULUNGSKONZEPTE

Junfermann Verlag
Paderborn
2021

Copyright © Junfermann Verlag, Paderborn 2021

Coverabbildung © Yayasya – iStockphoto.com

Covergestaltung / Reihenentwurf JUNFERMANN Druck & Service GmbH & Co. KG, Paderborn

Satz & Layout JUNFERMANN Druck & Service GmbH & Co. KG, Paderborn

Bibliografische Information der Deutschen Nationalbibliothek

Die Deutsche Nationalbibliothek verzeichnet diese Publikation in der Deutschen Nationalbibliografie; detaillierte bibliografische Daten sind im Internet über http://dnb.d-nb.de abrufbar.

ISBN 978-3-7495-0188-5
Dieses Buch erscheint parallel als E-Book.
ISBN 978-3-7495-0235-6 (EPUB), 978-3-7495-0235-6 (PDF), 978-3-7495-0236-3 (Kindle).

Inhalt

Vorwort – persönliche Einleitung

Als ich im Herbst 2019 begann, dieses Buch zu schreiben, war mir bewusst: Wir befinden uns in einer massiven Veränderung, die alle Lernprozesse betreffen wird. Ein Umstand, den ich sehr begrüße, denn schon seit Jahrzehnten zeige ich in meinen Seminaren und Vorträgen zum Thema Lernen auf, wie notwendig hier eine Veränderung ist. Und natürlich muss digitales Lernen daran einen wichtigen Anteil haben.

In meinen offenen Lehrgängen (Trainer- und Coachingausbildungen) arbeite ich seit 2014 erfolgreich mit einem Blended-Learning-Konzept. Dieser Mix aus Präsenz- und Online-Lernen verbindet für mich das Beste aus beiden Welten. Deshalb war es ursprünglich mein Ansatz, auch in diesem Buch die Thematik Blended Learning in den Fokus zu stellen. Doch je mehr ich schrieb, desto mehr haderte ich mit diesem Begriff. Er erschien mir plötzlich viel zu eng gedacht. Die Begrifflichkeit Blended Learning stammt aus einer Zeit, in der wir stark zwischen Präsenzseminaren und Online-Lernen differenziert haben. Lernen heute hat jedoch so viele unterschiedliche Facetten und Möglichkeiten. Wir lernen durch die Diskussion und den Austausch mit anderen, durch Selbststudium (Internetsuche, Betrachten von YouTube-Videos), durch Erfahrungen am Arbeitsplatz und die Rückmeldung von Kollegen, Kunden oder Vorgesetzten, und wir lernen in Schulungen.

Wir können also formales und informelles Lernen unterscheiden; hier geht es um die Verantwortung für Lernziele und Inhalte. Wir können außerdem zwischen selbstgesteuertem und geleitetem Lernen unterscheiden. Dabei geht es zum Beispiel darum, ob der Lernende in seinem eigenen Rhythmus vorgehen kann oder ob Ort, Zeitpunkt und Tempo vorgegeben werden, zum Beispiel von einem Trainer. Und durch die Digitalisierung sind zum klassischen Präsenztraining (ein formales, geleitetes Format) zahlreiche Online-Lernformate hinzugekommen. Diese lassen sich anhand ihrer Kommunikationsform in synchrone (zeitgleich) und asynchrone Formate (zeitversetzt) einteilen.

Gerade die Corona-Krise mit dem breitflächigen, temporären Veranstaltungsverbot und somit der Absage sämtlicher klassischer Präsenzseminare hat uns gezeigt, wie gut Online-Seminare funktionieren und vor allem, wie bedeutsam sie sind.

Das Fazit aus meinen Erfahrungen und Überlegungen lautet: Blended Learning ist für mich eine zu restriktive Definition der diversen Möglichkeiten von Lernen. Die Differenzierung zwischen Online- und Präsenzlernen – so viel ist klar – kann in Zukunft kein Thema mehr sein. Die Kombination aus beidem wird vielmehr die neue Normalität darstellen. Bei all der Fülle an Möglichkeiten, die uns für Lernen heute zur Verfügung stehen, geht es vorrangig darum, für die jeweilige Zielgruppe und deren Bedürfnisse, angepasst an die vorhandenen Ressourcen, passende Lernarrangements zu entwerfen. Und diese Frage gilt es nun bei jedem Lernprojekt neu zu bewerten!

Wir dürfen heute als Lernarchitekten intelligente Lernprozesse konzipieren, die den geänderten Rahmenbedingungen im (Arbeits-)Leben Rechnung tragen, und haben dazu eine Vielzahl an Bausteinen zur Verfügung. Welche Bausteine das sind, was es bei der Konzeption und Durchführung von Lernprojekten in Zukunft alles zu beachten gibt, habe ich auf den folgenden Seiten für Sie zusammengefasst. Der Hauptfokus dieses Buches wird auf den neuen, digitalen Möglichkeiten liegen. Allgemeine didaktische Grundlagen und Tipps für die Arbeit als Trainerin oder Trainer habe ich bereits in meinem Buch „Training in der Praxis“ (Prohaska 2017) beschrieben.

Mit diesem Buch halten Sie meinen E-Learning-Kompass in Händen. Er wird Sie Schritt für Schritt anleiten, dieses neue, spannende Lernen in Ihren Arbeitsbereich zu integrieren und ab jetzt selbst zukunftsweisende Lernarrangements zu entwickeln.

Den Begriff E-Learning verwende ich in diesem Buch in Anlehnung an die Definition von Michael Kerres (2016), als Überbegriff für alle Formen von Lernen und Lehren mit digitalen Medien. Synonym verwende ich auch Begriffe wie Online-Lernen oder digitales Lernen.

Kommen Sie mit auf die Reise in die Welt des E-Learning und vertrauen Sie sich meinem Kompass an!

Ihre

Sabine Prohaska

1. Lernen im digitalen Wandel – anderes Denken und Handeln

Kapitelübersicht:

1.1 Geänderte Rahmenbedingungen für das Lernen

1.2 Lernen am Arbeitsplatz der Zukunft

1.3 Potenziale virtueller Bildungsangebote

Das allumfassende Thema Digitalisierung wird speziell den Bildungssektor in den nächsten Jahren noch weiter revolutionieren. Zukunftsforscher sagen schon seit Jahren in diesem Zusammenhang eine Disruption höchsten Ausmaßes voraus und prognostizieren, dass gerade im Bereich Bildung und Weiterbildung kein Stein auf dem anderen bleiben wird. Der Umfang des E-Learning-Marktes wird laut *Global Insights* von 190 Mrd. USD im Jahr 2018 auf 300 Mrd. USD im Jahr 2025 ansteigen. Deshalb ist für Unternehmen genau jetzt der Moment gekommen, an dem sie die Zukunft ihrer Schulungskonzepte überdenken und sich radikal neu ausrichten müssen.

Radikal deswegen, da erfolgreich implementiertes E-Learning von allen Beteiligten ein völlig neues Denken und Handeln erfordert. Wie auch eine vollkommen neu konzipierte Vorgangsweise im Sinne einer gelungenen, wirksamen und zielorientierten Content-Entwicklung, bei der der Gedanke des kollaborativen Arbeitens im Mittelpunkt steht. Learning- und Development-Verantwortliche wie auch die Schulungsteilnehmer der Zukunft müssen erkennen und verstehen, dass es von jetzt an um das Bilden von „Learning Communities" geht und auch um das Prinzip des „On-Demand-Learning", und das in einem völlig anderen Setting als bisher.

Dies erfordert einen neuen, flexiblen Zugang aller Beteiligten und ein Überdenken der bisher bekannten Prozesse. Es geht um neu gedachte und innovativ konzipierte Seminarkonzepte, um eine völlige Neuausrichtung der Rolle der Trainer*innen, um eine andere, offene Unternehmenskultur, die dieses Lernen der neuen und anderen Art unterstützt, und schlussendlich um das Zur-Verfügung-Stellen der für die digitalen Konzepte erforderlichen Technik.

Diese Umstellung ist äußerst komplex und kann nicht von heute auf morgen und ohne weitere Vorbereitung bewerkstelligt werden.

TIPP!

Lassen Sie sich von dieser Komplexität nicht abschrecken. Zögern wäre jetzt ein Fehler. Sie könnten zum Beispiel mit einem Pilotprojekt starten, auf diese Weise erste Erfahrungen sammeln und später entsprechend nachjustieren.

Agil sein lautet auch hier die Devise! Mithilfe des E-Learning-Kompasses können Sie wichtige Weichen stellen.

Ein verlässlicher Kompass, der alle in dem Prozess beteiligten Verantwortlichen auf diesem Weg des digitalen Wandels begleitet und leitet und sie sicher durch alle Hürden navigieren lässt, ist dabei von höchster Bedeutung.

E-Learning in Unternehmen einzuführen stellt eine herausfordernde Change-Situation dar, an die es gilt, mit viel Expertise und Fingerspitzengefühl heranzugehen. Damit dieser Wandel gelingt, führt mein *E-Learning*-Kompass Unternehmen und ihre Bildungsverantwortlichen, aber auch alle Trainer*innen, die neue digitale Konzepte entwickeln und durchführen, trittsicher durch vier wichtige Bereiche: Lernarchitektur, Trainerrolle, Unternehmenskultur und Technik. Werfen wir dazu im ersten Schritt einen Blick in die Zukunft, um alle anstehenden Anforderungen zu erkennen, zu verstehen und darauf mit geeigneten Konzepten reagieren zu können.

1.1 Geänderte Rahmenbedingungen für das Lernen

Fakt ist, dass wir alle ständig lernen müssen, um in unseren beruflichen wie auch privaten Lebensbereichen anschlussfähig zu sein. Das Prinzip des „lebenslangen Lernens“ ist zwar definitiv nicht neu, hat aber durch die Digitalisierung eine völlig neue – und teilweise noch unbekannte – Dimension bekommen. Lernaufgaben wie Methoden verändern sich noch viel schneller, als wir das bisher je für möglich hielten. Im Detail geht es um eine Veränderung in den folgenden Bereichen:

1. Fähigkeiten werden wichtiger als reines Wissen

Es kommt hinzu: Die Halbwertszeit von Wissen nimmt dramatisch ab. Vor einem Jahrhundert noch dauerte es rund 35 Jahre, bis die Hälfte des Wissens eines Ingenieurs an der Hochschule „ersetzt“ wurde. Bereits in den 1960er-Jahren betrug diese Zeitspanne nur mehr ein Jahrzehnt. Nach neuesten Schätzungen liegt sie heute zwischen zweieinhalb und fünf Jahren (siehe Hart 2020a)! Es wird also zukünftig nicht mehr darum gehen, sich so viele Fakten wie möglich zu merken, sondern vielmehr darum, Fähigkeiten auszubauen – etwa genau zu wissen, wo man die digitalen Updates dieser Fakten findet, um Rechercheergebnisse jederzeit neu und flexibel validieren zu können. Die Speicherkapazitäten digitaler Medien schlagen unser Gedächtnis nun einmal bei Weitem!

2. Berufslaufbahnen werden vielfältiger

Bisher kennen wir relativ starre und geplante Berufslaufbahnen, mit in etwa folgenden Schritten: Ausbildung, Arbeit, Ruhestand. In Zukunft werden Menschen in ihrer Berufslaufbahn flexibel mehrfach ihren Karriereweg ändern (müssen). Es geht um ein agiles Karriere- und Weiterbildungsverhalten und ein Voranschreiten im Sinne ständiger persönlicher wie beruflicher Entwicklung.

3. Methodische Möglichkeiten erweitern sich

Unsere methodischen Möglichkeiten im Bildungsbereich haben sich durch die Digitalisierung rapide erhöht. E-Learning fördert die Individualisierung des Lernens, denn die Lernenden können ihre jeweiligen Lernphasen vollkommen frei einteilen. Sie können entscheiden, wie lange sie jeweils lernen oder wie oft sie etwas wiederholen. Zudem bietet digitales Lern-Tracking viele Möglichkeiten, den Lernerfolg zu steigern. Auf Basis von Trackingdaten können Anwendungen neue Materialien oder Lernstrategien vorschlagen.

Persönliche Betrachtung

Die Themen Lernen und Entwicklung sind meine absolute Passion. Schon seit meinem Studium erlebe ich die neuesten Erkenntnisse zum Thema Lernen und die Entwicklung von Lerntechnologien als sehr aufregend, vergleichbar mit einem Krimi.

Es ist unglaublich spannend, zu verfolgen, welche Lernszenarien derzeit in Entwicklung sind, und sich zu überlegen, wie ein *Smart Learning Environment* tatsächlich aussehen könnte: Stellen Sie sich vor, Sie nehmen an einer Konferenz in den USA teil und lauschen dort spannenden Vorträgen. Die gehörten Inhalte halten Sie auf einem digitalen Notizblock, einem sogenannten *Smart Writing System,* fest. Dadurch werden Ihre Notizen sofort in Ihrer persönlichen Lernumgebung hinterlegt. Diese Lernumgebung nutzt künstliche Intelligenz und durch alle hier zusammengeführten Daten lernt sie Sie immer besser kennen. Also auch anhand Ihrer Notizen von der Konferenz in den USA weiß die Umgebung, wofür Sie sich interessieren.

Diesen Mechanismus kennen wir schon von Streaming-Diensten wie Netflix und schätzen ihn. Doch jetzt wird es wirklich krass: Durch Ihren digitalen Terminkalender, der mit Ihrer persönlichen Lernumgebung verbunden ist, weiß diese, dass Sie in der kommenden Woche einen Vortrag über ein bestimmtes Thema halten müssen. Ihre Lernumgebung, die Sie nun in- und auswendig kennt, schlägt Ihnen sofort eine passende Schulungsmaßnahme zur perfekten Vorbereitung Ihres Vortrags vor. Außerdem hat Ihre Lernumgebung interessanten Content im Internet entdeckt, nämlich eine aktuelle Studie zu Ihrem Vortragsthema. Und weil die Lernumgebung durch Ihr Smartphone die Info erhalten hat, dass Sie gerade im Auto unterwegs sind und der passende Content sowohl als PDF als auch als Podcast zur Verfügung steht, schlägt sie Ihnen für Ihre Fahrt prompt diesen Podcast vor.

Ich bin zutiefst dankbar, in einer Zeit zu leben, in der sich uns in Bezug auf Lernen derartig gigantische und innovative Möglichkeiten eröffnen!

4. Lebensbereiche vermischen sich

Das Modell „Homeoffice" wird sich – noch verstärkt durch die Corona-Krise – immer mehr verbreiten. Dadurch vermengen sich zunehmend die Bereiche Arbeit und Freizeit. Arbeiten wird flexibler werden und damit auch das Lernen. Lernende können sich heute praktisch überall und jederzeit mit ihren Lerninhalten beschäftigen.

1.2 Lernen am Arbeitsplatz der Zukunft

Berufliches Lernen wurde bisher meist als Einmal-Event, als Schulung (z. B. in Form eines ein- oder zweitägigen Seminars) oder als E-Learning-Kurs verstanden. In der heutigen Zeit, in der Wandel das einzig beständige Element zu sein scheint, muss Lernen als kontinuierlicher Prozess verstanden werden, der völlig neue Ideen und Denkweisen hervorbringt. Und dieser Prozess sollte sehr, sehr weit und breit gedacht werden. Denn es gibt inzwischen viele Wege, wie wir innerhalb und außerhalb einer Organisation lernen: durch das Ansehen von Videos oder den Austausch in Online-Netzwerken und Communities, in manchen Bereichen auch schon mittels Virtual Reality.

1. Traditionelle Trainingstools haben ausgedient

Laut einer Umfrage von Jane Hart (2020 b) war im Jahr 2019 das meistgenutzte Tool für Weiterbildung YouTube, gefolgt von Google Search. Das ist verständlich, denn um ein aktuelles Problem zu lösen, ist es weitaus flexibler und kostengünstiger, ein Video anzusehen, als eine Schulung zu organisieren.

Eine Untersuchung von Jane Hart (2020 c) zeigt, dass Menschen wesentlich mehr aus dem Selbststudium lernen: 39 % durch Internetsuche, Videos, Podcasts oder Blogs) und nur 12 % aus formalen Kursen (E-Learning, Präsenzseminare). Für weitere Lernformen ergaben sich folgende Werte: 29 % durch Anwenden (direkt bei der Arbeit, durch einen Mentor oder Coach) und 20 % aus Diskussionen mit anderen (sozialer Austausch, Netzwerken, Konferenzen, Events). Der Lernprozess muss also weitaus vielschichtiger werden als bisher und idealerweise als Kombination aus verschiedensten Bausteinen des Lernens zusammengestellt sein.

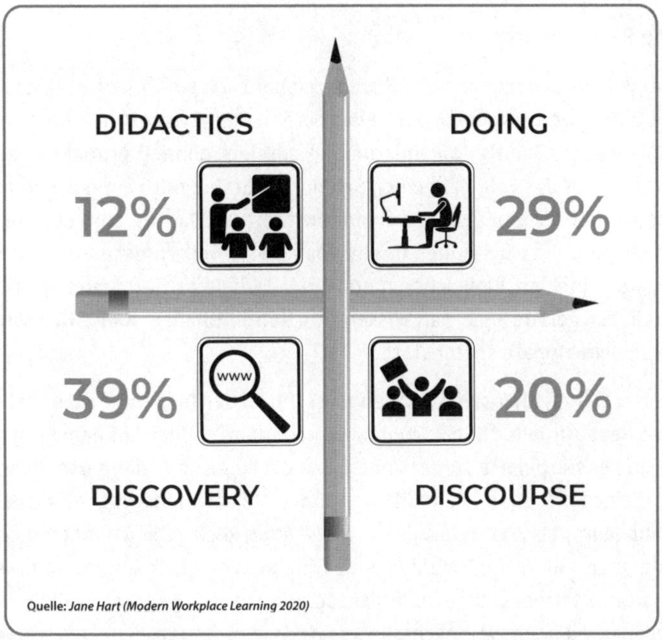

Abbildung 1: Das Vier-D-Modell des Lernens (Hart 2020 c)

2. Lernen wird autonomer und selbstorganisierter

Wir waren es bisher gewohnt, dass Unternehmen, und damit auch die berufliche Weiterbildung, sehr hierarchisch, also top-down organisiert war. Der neue Weg des Lernens verläuft in die entgegengesetzte Richtung: sehr autonom, selbstorganisiert, individuell und bottom-up. Jeder Mensch hat nun einmal unterschiedliche Lernvorlieben. Es wird in Zukunft vermehrt beim Lernenden liegen, zu erkennen, wie er am besten lernt und wie er sich innerhalb des Lernprozesses organisieren möchte. Daraus resultiert: Didaktische Konzepte und das Rollenverständnis von Lehrenden und Lernenden sind in einem absoluten Wandel begriffen. Unternehmen müssen flexibler werden und Ressourcen zur Verfügung stellen, die das neue Lernen unterstützen.

3. Lernen on Demand

Der sich ständig wandelnde Markt braucht zukünftig ein bedarfsorientiertes Lernen. Es macht schließlich wenig Sinn, vorab Wissen und Kompetenzen „auf Vorrat" zu vermitteln. Sehr viel effektiver ist es, Wissen und Informationen punktgenau dann bereitzustellen, wenn sie gebraucht werden.

Persönliche Betrachtung

Ich verrate Ihnen ein Geheimnis: Seit Jahrzehnten halte ich ein- bis zweitägige Konfliktmanagementseminare und bezweifle seit jeher deren Sinnhaftigkeit. Warum? Weil das Szenario des Ablaufs sehr häufig folgendermaßen aussieht: Einmal pro Jahr erstellt die Personalentwicklung für das Folgejahr einen Schulungskatalog mit Seminarthemen, inklusive Beschreibungen und Terminen. Bis zu einem bestimmten Datum, zum Beispiel bis Jahresende, sollen sich die Mitarbeitenden in Absprache mit ihren Vorgesetzten für ein bis zwei dieser Seminare anmelden. Vielleicht hat nun ein Mitarbeiter wegen eines getrübten Klimas mit einem Kollegen gerade Bedarf an Wissen zum Konfliktmanagement. Das Seminar findet allerdings erst viele Monate später statt.

Aufgrund dieser Herangehensweise haben zwei Drittel der Teilnehmenden im Seminar keinen aktuellen Bedarf (mehr) für ein Thema, wenn es dann endlich auf dem Programm steht. Im Idealfall sind es motivierte Lerner*innen. Auf die Frage nach der persönlichen Seminarzielsetzung meinen sie: „Das Thema ist im Moment nicht mehr so ganz aktuell für mich, aber man kann ja immer was Neues dazulernen!" Prinzipiell gebe ich ihnen recht. Aber wie effizient ist Lernen auf Vorrat? Würden Sie es für sinnvoll erachten, im Sommer in einem Seminar ein paar Gitarrenakkorde zu lernen, sozusagen auf Verdacht, weil Sie vielleicht zu Weihnachten Ihr Kind beim Weihnachtsliedersingen begleiten wollen? Und wie viel von dem Gelernten wäre Weihnachten noch präsent, wenn Sie nicht regelmäßig üben?

Als ebenso fragwürdig empfinde ich Grundausbildungen für neue Mitarbeiter*innen, an denen ausnahmslos alle – egal, welche Vorerfahrungen sie zu den vermittelten Themen mitbringen – teilnehmen müssen. So kann es zu der skurrilen Situation kommen, dass eine studierte Betriebswirtin an einem Basisseminar für Betriebswirtschaft teilnehmen muss, weil dieses eben Bestandteil einer fix vorgegebenen und starren Grundausbildung ist. Dieses Beispiel ist übrigens nicht fiktiv, sondern es beschreibt die gelebte Praxis eines Handelsunternehmens! Leider werden in immer noch viel zu vielen Unternehmen zu oft Ressourcen verschwendet und es wird dadurch Frust erzeugt.

1.3 Potenziale virtueller Bildungsangebote

Digitales Lehren und Lernen bieten eine Reihe von Vorteilen:

1. Kostenersparnis

… ist der erste Punkt, der in diesem Zusammenhang angeführt wird. Die höchste Kostenreduktion ergibt sich vor allem durch den massiven Wegfall von Schulungs- und Reisekosten der Teilnehmer*innen sowie durch die stark verminderten Kosten für die jeweils entgangene Arbeitszeit. Reines E-Learning kann außerdem zahlenmäßig skaliert werden. Es handelt sich schließlich um eine Einmalinvestition, die beliebig vielen Personen im Unternehmen zugutekommen kann.

Auch für selbstständige Trainer*innen bietet diese Skalierbarkeit einige Vorteile. So können viel mehr Teilnehmende zur gleichen Zeit die Tipps des Trainers oder der Trainerin nutzen.

2. Zeitersparnis

Es fallen keine – teilweise langen – An- und Abreisezeiten zum und vom Studienort an, die zulasten der regulären Arbeitszeit gehen. Diesen immens positiven Zeitfaktor wissen Unternehmen sehr zu schätzen. Aber auch Einzeltrainer*innen profitieren davon, dass Reisezeiten meist völlig wegfallen und Reisekosten daher sinken.

3. Flexibilitätsgewinn

Virtuelle Bildungsangebote sorgen für deutlich größere zeitliche und räumliche Flexibilität. Lernende sind bei reinen E-Learning-Kursen nicht von fixen Seminarzeiten abhängig und können sich somit die Lernphasen selbstständig einteilen. Sie können während der Arbeitszeit lernen oder in kleinen Pausen, aber auch am Wochenende oder in der Nacht. Die Lernzeit kann also flexibel dem persönlichen Tagesablauf angepasst werden.

Die räumliche Flexibilität ergibt sich durch die Absenz eines gemeinsamen Lernortes. Der Lernende kann praktisch überall lernen. Durch mobiles Internet, Smartphones und Tablets sind ihm fast keine räumlichen Grenzen mehr gesetzt. Diese Tatsache ermöglicht es speziell selbstständigen Trainer*innen, ihren Kundenkreis zu erweitern, was einen gigantischen Wettbewerbsvorteil darstellt. Wer sein Lernangebot z. B. auf Englisch im Portfolio hat, kann Kunden auf der ganzen Welt ansprechen.

Persönliche Betrachtung

Während des Shutdowns aufgrund der Corona-Krise hat mir diese Flexibilität nicht nur finanziell, sondern auch sozial geholfen. Ab Mitte März 2020 waren mit einem Schlag all meine Präsenzseminare storniert bzw. verschoben. Zudem wurden wir in Österreich von der Regierung angehalten, das Haus nur in Ausnahmefällen, z. B. zum Einkaufen, zu verlassen. Für mich als Mensch, der seinen Beruf aufgrund des Kontakts mit Menschen so sehr liebt, eine extrem schwierige Zeit.

In meinen offenen Lehrgängen hatte ich schon seit einigen Jahren Blended Learning eingesetzt. Deshalb fiel mir die Umstellung auf einen kompletten Online-Betrieb relativ leicht. Der Bedarf an Themen wie „Live-Online-Seminare professionell gestalten" oder „Wie bringe ich mein Seminar schnell online?" lag auf der Hand, und innerhalb kürzester Zeit hatte ich ein Programm von neun kompakten Online-Seminar-Themen auf die Beine gestellt.

Bei jedem Online-Termin freute ich mich, Menschen aus dem In- und Ausland begrüßen zu dürfen – Menschen, die ich ohne dieses verstärkte Online-Angebot wohl nie erreicht hätte. Auch meine wöchentlichen Corona-Talks erfreuten sich über die Grenzen Österreichs hinaus größter Beliebtheit. Das waren Formate, die ich aufgrund fehlender Zeitressourcen vor der Krise zwar angedacht, aber nie konzipiert hatte. Mit einem Schlag wurde all das, was ich in den letzten Jahren meinen Teilnehmer*innen über die immensen Vorzüge der Digitalisierung und des digitalen Lernens erzählt hatte, gelebter und vor allem nützlicher Alltag.

4. Individuelles Lerntempo – individuelle Lernmethode

Jeder Mensch hat seine individuell bevorzugte Art zu lernen – und eine Individualisierung des Lernens ist möglich. Die Länge der einzelnen Lernphasen kann an die Wünsche der Lernenden angepasst werden und auch die Anzahl der Wiederholungen ist vollkommen frei wählbar. Es ist möglich, sich viele Stunden durchgehend einer Materie zu widmen oder dieselbe Materie in mehreren kleineren zeitlichen Einheiten zu konsumieren.

5. Stärkung der Eigenverantwortung

Das E-Learning bringt noch weitere positive Nebeneffekte mit sich, die man auch als Zusatznutzen bezeichnen kann. Durch die zeitliche und räumliche Flexibilität fällt die ständige Kontrolle durch den Lehrenden zum Großteil weg. Der Lernende muss daher eigenverantwortlich den Lernfortschritt planen und kontrollieren, das notwendige Lernmaterial besorgen und gestellte Aufgaben erfüllen, um am Ende das angepeilte Lernziel zu erreichen. Der Lehrer oder die Trainerin steht ihm dabei als Coach begleitend zur Seite.

6. Multimediale Präsentation

Der Lernstoff wird in Schrift, Bild und Grafik dargeboten, aber auch in Ton- und Videoformaten. Durch diese Vielfalt an einsetzbaren Medien und technischen Tools kann das Lernprogramm abwechslungsreich gestaltet werden, und das wiederum beugt der Monotonie im Lernprozess vor.

TIPP!

Um sich einen Überblick über die vielen Möglichkeiten und Tools zu verschaffen und auch um immer up to date zu bleiben, können Sie in Ihren Meetings regelmäßig zehn Minuten reservieren, in denen rotierend jemand aus dem Team ein neues Tool vorstellt.

7. Verwertbarkeit

Lernen kann mittels digitaler Medien anders verarbeitet, systematisiert, evaluiert und verwertet werden. Gerade das Thema des Nutzens, der Transferwirksamkeit lässt sich online leichter abbilden und noch dazu in einer Qualität, die Trainer*innen im bisherigen Präsenzsetting nicht leisten konnten. Moderne Lernmanagementsysteme verfügen über ausgeklügelte Algorithmen und arbeiten mittels künstlicher Intelligenz. Lernen wird dadurch „sichtbar", und alle gesammelten Daten können im Sinne eines laufenden Qualitätsmanagements konstruktiv umgesetzt werden.

KURZ UND KNAPP:

- Der Trend zur digitalen Weiterbildung macht völlig neu gedachte und konzipierte Designs möglich und auch notwendig.
- Alle am Bildungsprozess Beteiligten brauchen einen neuen, flexiblen Zugang und müssen bisher Bekanntes überdenken.
- Lernen wird stärker selbstorganisiert. Dafür benötigen Lernende entsprechende Skills.
- Die Revolution des Lernens steht erst am Anfang. Weiterbildner*innen werden ihre eigene Agilität in den nächsten Jahren unter Beweis stellen können.
- Die Vorteile digitalen Lernens und Lehrens sollten wir bewusst nutzen.
- Neue Themen, wie der sensible Umgang mit Lerndaten, werden in den Weiterbildungsdiskurs Einzug halten.

2. | Blickrichtung Lernarchitektur

Kapitelübersicht:

2.1 Lerntransfer als Grundlage für den Erfolg
2.2 Komponenten von Lernarrangements
2.3 Anforderungen an moderne Lernarrangements
2.4 Didaktisches Konzept – auf die kluge Mischung kommt es an
2.5 Schritt für Schritt in die Praxis

Nehmen wir nun den E-Learning-Kompass zur Hand und starten wir mit der Blickrichtung auf die Lernarchitektur. Ich empfehle dazu die folgende prinzipielle Vorgangsweise:

Gehen Sie bei jedem neuen Lernprojekt, das Sie sich ab jetzt vornehmen, sofort auf die in der heutigen Zeit notwendigen Veränderungen beim Lernen und Lehren ein. Dies betrifft die Konzepte, die Lehrformen sowie die Lernszenarien und deren zeitlichen und organisatorischen Ablauf. Dazu ist es erforderlich, die Struktur und die Aufbereitung der Lernmaterialien, die Formulierung von Aufgabenstellungen und die Kommunikation sowie die Betreuung der Lernenden komplett zu verändern und nachhaltiger zu gestalten.

TIPP!

Gehen Sie bei der Umstellung auf neue Formate niemals von Ihren bisherigen Konzepten aus. Vergessen Sie Ansätze wie: „Wie kann ich mein bisheriges zweitägiges Präsenzseminar online abbilden?“ Das wird nicht funktionieren. Nutzen Sie die Gunst der Stunde und denken Sie Ihr Konzept völlig neu und innovativ. Denken Sie dabei so, als hätte es die Präsenz-Variante Ihres Seminars nie gegeben.

Gerade zu Beginn der Umstellung wird im Zusammenhang mit den vielen neuen Möglichkeiten mit Sicherheit eine Euphorie aufkommen. Lassen Sie sich davon nicht überwältigen, sondern handeln Sie nach dem Prinzip der kleinen Schritte. Ihr neues E-Learning-Angebot darf und soll sich langsam und bewusst entwickeln und muss auch immer den in Ihrem Unternehmen gerade geltenden Rahmenbedingungen entsprechen. Mehr zu diesem wichtigen Aspekt sehen wir uns in Kapitel 4, „Blickrichtung Unternehmenskultur“, an.

2.1 Lerntransfer als Grundlage für den Erfolg

Beim Planen und Durchführen von Qualifizierungsmaßnahmen, egal ob online oder in Präsenz, wird meines Erachtens in der Regel immer noch zu wenig auf den Lerntransfer in die Praxis geachtet. Doch genau dieser entscheidet über den Erfolg einer Maßnahme und ist somit der Grund, warum ein Lernprojekt überhaupt die angepeilten Lernziele erreichen kann.

Inwieweit ist der Lerntransfer in den Arbeitsalltag gelungen? Das ist überhaupt die entscheidende Frage, wenn es darum geht, die Qualität und Effektivität von Weiterbildungsangeboten im Business-Bereich zu beurteilen. Die alleinige Bearbeitung eines Lernprogramms sollte daher niemals mit einem tatsächlichen Lernerfolg gleichgesetzt werden. Trotzdem wird diese Kennzahl in manchen Unternehmen nach wie vor als nachweislicher Erfolg gewertet! Es wird dokumentiert, wer aus der Belegschaft mit welchem Testergebnis ein bestimmtes Thema bearbeitet hat. Bei rechtlichen Themen wie Compliance und Datenschutz ist das eine weitverbreitete Strategie. Eigentlich sollten Weiterbildungsangebote aber ganz andere Ziele haben. Die Teilnehmer sollten anschließend

- ihre aktuellen Aufgaben besser, schneller oder einfacher verrichten können oder
- für künftige bzw. neue Aufgaben und Herausforderungen gewappnet sein.

Ein Seminar, egal, ob online oder in Präsenz durchgeführt, kann somit im Business-Kontext nie ein Selbstzweck sein.

Transferforschern (z. B. Baldwin & Ford 2010) zufolge setzen nur 10 bis 30 % der Teilnehmer*innen das Gelernte tatsächlich um. Das ist angesichts der Kosten vieler Weiterbildungsmaßnahmen ein äußerst niedriger Prozentsatz. Faktisch dürfte er in vielen Fällen jedoch noch um einiges niedriger sein, wenn man sich zudem fragt:

- Welchen Anteil des Gelernten setzen die Teilnehmer*innen um?
- Und: Wie nachhaltig und konsequent wenden sie das Gelernte an?

Es zeigt sich also: Wenn es darum geht, die Kosten-Nutzen- bzw. Input-Output-Relation von Weiterbildungsmaßnahmen zu steigern, gibt es beim Lerntransfer noch äußerst hohe Optimierungspotenziale. Und will man vor allem diese Relation verbessern, lohnt es sich, die Lernarrangements entsprechend wirksam zu gestalten.

Haben Sie sich als Trainer*in und / oder als Personalverantwortliche*r in einem Unternehmen schon einmal gefragt, wer oder was eigentlich dafür verantwortlich ist, dass ein Lerntransfer tatsächlich erfolgt? Wenn ja, haben Sie vermutlich rasch feststellen können, dass es viele Faktoren sind, die sich hier auswirken. Neben dem großen Thema des Lerndesigns sind es im Wesentlichen zwei weitere Bereiche, die sich maßgeblich auf den Transfer auswirken und die im Umkehrschluss die Wirksamkeit von Seminaren erhöhen.

Das sind zum einen das Umfeld und die Rahmenbedingungen in einer Organisation: Haben die Teilnehmenden geeignete Bedingungen zum Lernen und auch die Zeit und den Freiraum, um das Gelernte umzusetzen? Wird die Umsetzung des Gelernten von den Führungskräften überhaupt gewollt? (Auf den Bereich der Unternehmenskultur komme ich im Kapitel 4 noch ausführlicher zu sprechen.)

Zum anderen geht es um die Teilnehmenden selbst: Wie sieht es mit ihrer Motivation aus? Ist ihnen klar, welchen Nutzen die Weiterbildung für sie hat? Glauben die Teilnehmenden daran, dass sie die gelernten Fähigkeiten praktisch umsetzen können, und haben sie die Bereitschaft und Fähigkeit, das Gelernte trotz eventueller Schwierigkeiten anzuwenden?

TIPP!

Oft sind es Kleinigkeiten, mit denen Sie eine große Wirkung erzielen können. Ein besserer Lerntransfer lässt sich z. B. erreichen, wenn die Führungskraft oder der Personalentwickler vor dem Start einer Weiterbildung mit jedem Teilnehmer kurz über die Ziele und Erwartungen spricht und danach mit ihnen klärt, was jeder nun konkret umsetzen möchte und welche Unterstützung hierfür benötigt wird. So wird Lernen und Anwenden zum fixen Bestandteil der Arbeitspraxis, und Impulse aus dem Arbeitsalltag können sofort aufgenommen und bearbeitet werden.

Ein erster Blick in Richtung Lerntransfer sollte bei jeder geplanten Bildungs- oder Qualifizierungsmaßnahme schon bei der Bedarfserhebung im Unternehmen erfolgen. Um sinnvolle, also transferwirksame Konzepte zu entwerfen, braucht es zum Beispiel Antworten auf die folgenden Fragen:

- Welches Ziel hat die Maßnahme (zum Beispiel Wissenszuwachs oder Einstellungs- / Verhaltensänderung)?
- Wer sind die Teilnehmer*innen? (Lern- und veränderungsbereite Personen? Oder Menschen, die lieber wollen, dass alles so bleibt, wie es ist?)
- Wie „dringlich“ ist die Intervention? (Muss sie vielleicht in vier Wochen abgeschlossen sein, weil dann die neue Vertriebssoftware online geht? Oder hat es noch Zeit?)

Am effektivsten beim Planen und Gestalten von Seminarthemen ist es, nicht nur auf **singuläre Lernevents** wie ein Seminar oder einen Online-Kurs zu fokussieren, sondern den **Lernprozess** umfassender zu denken. Ein Einzelevent liefert immer nur einen Impuls oder bietet vielleicht Übungsmöglichkeiten an. Der Erwerb der eigentlichen Kompetenz, dass das gewünschte neue Denken oder Verhalten zur Routine wird, also automatisiert ist, erfolgt immer erst in der Praxis.

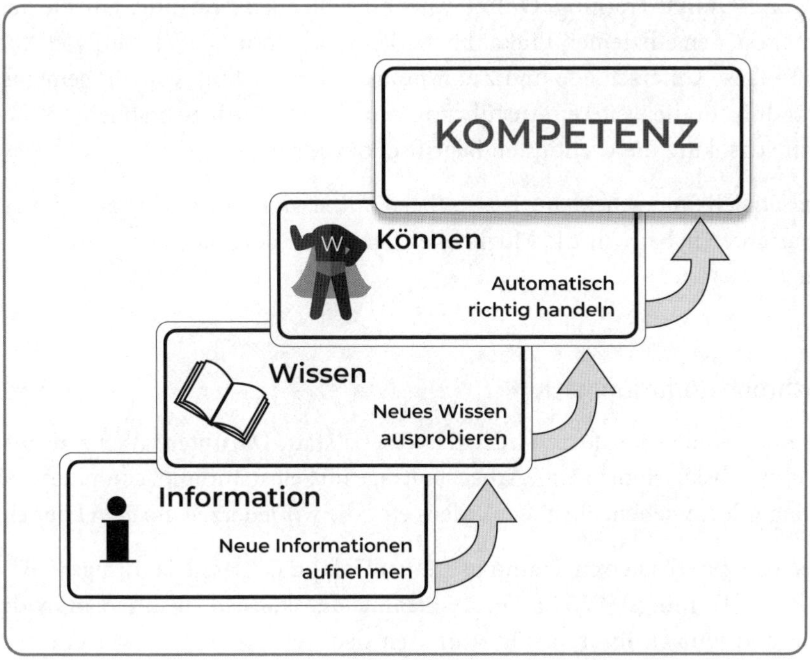

Abbildung 2: Wie entsteht Kompetenz?

Lernprojekte können unterschiedliche Formate (Webinar, Präsenztraining, WBT, 1:1-Coaching etc.) perfekt miteinander kombinieren und als Prozess organisieren. Für das Lernen ist das die beste Grundvoraussetzung, denn es vollzieht sich in Lernschleifen aus Vermittlung, Anwendung und Reflexion (Kolb 1984).

2.2 Komponenten von Lernarrangements

Bei der Erstellung von Lernarrangements stellt sich die zentrale Frage, welches Format für das jeweilige Angebot das passendste ist. Hierunter fallen Begriffe wie Webinar, Live-Online-Training, Online-Kurs oder Blended Learning. Für die perfekte Konzeption, den effizienten Einkauf bzw. den zielorientierten Verkauf von Angeboten sind diese Unterschiede und Zuordnungen sehr wichtig. Um ein gemeinsames Verständnis für die weiteren Ausführungen in diesem Buch zu etablieren, sehen wir uns zunächst kurz die wichtigsten Begriffserklärungen an.

Grundsätzlich unterscheiden wir zwischen Online- und Präsenzformen und bei beiden Varianten haben wir die Möglichkeit, synchron oder asynchron zu kommunizieren.

Asynchrone Kommunikation

Diese Kommunikationsform findet zeitversetzt statt. Darunter fallen z. B. E-Mails, ein Online-Diskussionsforum, Arbeitsaufträge im Selbststudium, computerbasiertes Training mit Aufgaben, Skripten, Videos etc., die wir jederzeit abrufen können.

Zu den computerbasierten Trainings zählen Computer-Based-Trainings (CBT) und Web-Based-Trainings (WBT). Die Teilnehmenden können in ihrem individuellen Tempo und je nach ihrer verfügbaren Zeit den Lernprozess selbst steuern. Diese Trainings sind ideal, um z. B. vor einem Präsenztraining alle Teilnehmenden auf denselben Informationsstand zu bringen. Außerdem können Vor- oder Überprüfungstests durchgeführt werden, um sicherzustellen, dass jeder Teilnehmende die Unterlagen auch wirklich durchgearbeitet und verstanden hat.

Computer-Based-Training (CBT) und Web-Based-Training (WBT)

Sowohl CBT als auch WBT sind computerunterstützte multimediale Lernprogramme, die unterschiedlich strukturierte Lernmaterialen enthalten. Typischerweise bestehen diese Kurse aus Videos, Skripten, Wissensüberprüfungen und anderen Aufgaben.

Ein CBT ist inhaltlich abgeschlossen und der Zugriff auf Inhalte erfolgt in der Regel unabhängig vom Internet, also offline. Hauptsächlich eingesetzt werden sie bisher zum Erlernen von Computeranwendungen oder Sprachen sowie in der betrieblichen Weiterbildung in den Bereichen Datenschutz oder Compliance.

Ein WBT erfolgt übers Internet. Teilnehmende können die Inhalte jederzeit abrufen und das Lernen in ihrem Tempo und ganz nach ihrer verfügbaren Zeit selbst steuern.

TN-Anzahl	gering	x	hoch
Interaktivität	gering	x	hoch

Synchrone Kommunikation

Synchron ist eine Kommunikation dann, wenn sie zeitgleich stattfindet, etwa in einem Chat, bei Videokonferenzen oder Präsenzveranstaltungen. Die Teilnehmenden kommen zu einer bestimmten Zeit in einem Raum zusammen. Das ist bei Präsenzveranstaltungen ein Kurs- oder Seminarraum – und für die informelle Kommunikation auch mal die Cafeteria.

Beim Online-Lernen handelt es sich um einen virtuellen Raum. Zu den synchronen Online-Formaten zählen Webinare und Live-Online-Trainings, mit jeweils unterschiedlichen Möglichkeiten der Interaktion. Man kann z. B. Meinungsabfragen durchführen, Statements einzelner Teilnehmer*innen (mündlich oder schriftlich im Chat) einholen, ein Quiz veranstalten etc. Je mehr Interaktion und Kollaboration gefragt sind, umso wichtiger wird die Frage nach dem virtuellen Bildungsraum. Mehr über dieses Thema erfahren Sie in Kapitel 5, wenn wir uns der Blickrichtung Technik zuwenden.

Webinar

Den Begriff Webinar kennen wir schon seit vielen Jahren, seit den ersten Versuchen, Seminare und Vorträge ins World Wide Web zu verlagern. Heute verstehen wir darunter (zumeist) Live-Online-Events, an denen das Publikum ohne Kamera und Audiozugang teilnimmt. Das Webinar findet zu einem bestimmten Zeitpunkt statt. Die Interaktion zwischen Vortragenden und Teilnehmenden erfolgt über den Chat; in einzelnen Fällen erhalten aber auch einzelne Teilnehmer über Moderatorenrechte einen Audiozugang.

Charakteristisch für Webinare ist, dass eine unbegrenzte Personenzahl teilnehmen kann. Die Dauer beträgt meist 30 bis 90 Minuten. Häufig erinnert das Format an einen Keynote-Vortrag, an dessen Ende noch eine Q&A-Session steht. Der Ablauf folgt nach einer vorher genau strukturierten Agenda.

TN-Anzahl	gering	x	hoch
Interaktivität	gering	x	hoch

Live-Online-Seminar

Zunehmend etabliert sich am Markt ein zusätzlicher Begriff. Neben dem Webinar sprechen wir vom Live-Online-Seminar oder Live-Online-Training. Anders als bei Webinaren sind die Teilnehmenden immer mit Audio und / oder Video zugeschaltet. Sie lernen gemeinsam und tauschen sich aus. Die Interaktion ähnelt einem klassischen Seminar, und das ist explizit auch so gewünscht. Der Ablauf kann durch das Verhalten und die Wünsche der Teilnehmer*innen beeinflusst werden und daher variieren.

Diese Seminarform ist auf ca. 8–12 Personen begrenzt, damit interaktive und kreative Methoden möglich sind. Die Dauer variiert von 90 Minuten bis zu 6 Stunden.

TN-Anzahl	gering	x	hoch
Interaktivität	gering	x	hoch

Am Markt finden sich natürlich auch Mischformen. So manche als Live-Online-Training bezeichneten Seminare haben am Ende doch mehr Webinar- als Trainingscharakter.

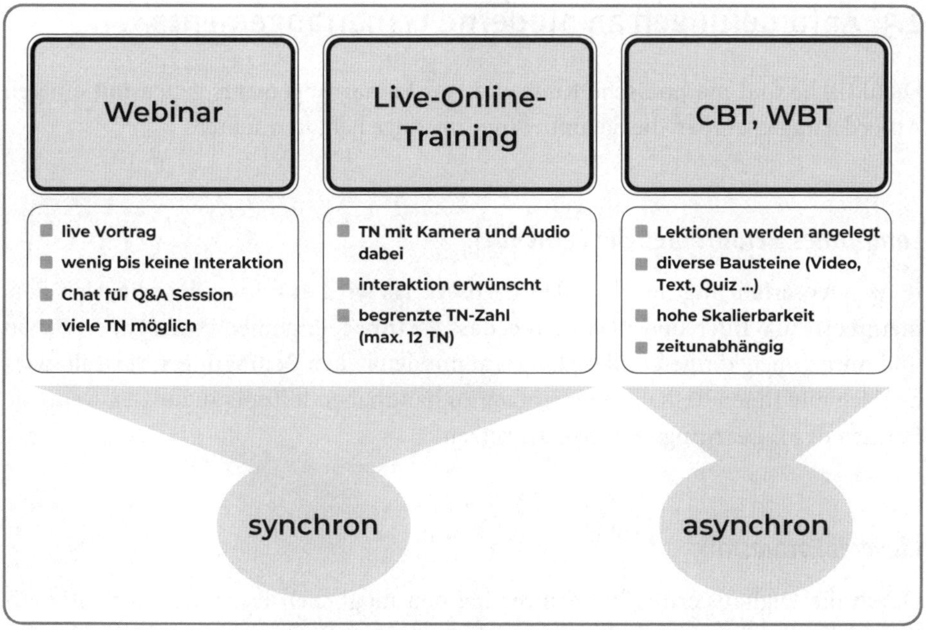

Abbildung 3: Drei Online-Formate

Von Blended Learning spricht man, wenn synchrones und asynchrones E-Learning und Präsenzseminare miteinander kombiniert werden. Diese Form des Lernens wurde in den letzten Jahren bevorzugt, da sie die Vorteile aller Formate nutzt und die Wirkungen des Gelernten erhöht und festigt.

2.3 Anforderungen an moderne Lernarrangements

Didaktische und methodische Konzepte von Lernarrangements gehen mit einigen Anforderungen einher, die Sie unbedingt im Auge behalten sollten.

Langsames Heranführen der Lernenden

Je nach Vorerfahrung mit digitalen Lernsettings wird es notwendig sein, den Formatmix so zu wählen und zu gestalten, dass Sie Ihre Teilnehmer*innen gut erreichen und mitnehmen können und sie langsam mit den neuen Bedingungen vertraut werden. Ich rate Ihnen deshalb, eher einfach zu handhabende Tools zu nutzen, wenn Sie Formen des E-Learnings erstmals einsetzen.

Cleverer Formatmix

Durch die Digitalisierung können Sie bei den möglichen Formaten so richtig aus dem Vollen schöpfen. Sie sollten aber nicht aus dem Blick verlieren, dass es immer auf eine zielführende Mischung ankommt, aus online und Präsenz, asynchronen und synchronen Formaten, 1:1-Coaching oder begleitenden Maßnahmen wie zum Beispiel ein Expertenforum.

Mehr Verbindlichkeit aufseiten der Teilnehmenden erreichen Sie z. B. durch synchrone Formate wie ein Webinar oder einen Kickoff-Workshop im Präsenzformat. Wenn die Teilnehmer*innen im Rahmen der Weiterbildung einiges selbstorganisiert ausprobieren sollen, braucht es begleitende Formate wie ein Expertenforum, um Fragen stellen zu können. Sie könnten aber auch auf Lernpartnerschaften zwischen den Teilnehmenden setzen, dann ist wesentlich weniger Lernbegleitung durch Expert*innen nötig.

Lernzeiten bewusst planen

Auch wenn sich – sinnvollerweise – Arbeit und Lernen immer stärker vermischen, sollten Sie beim Erstellen von Lernarrangements darüber nachdenken, für welche Inhalte welche Zeiten am besten geeignet sind. Alles, was tiefe Reflexion und Abstand zum Nachdenken braucht, sollte in Zeiten außerhalb der Arbeitszeit verlagert werden.

Grundsätzlich muss es ausreichend Zeit zum Lernen geben, denn Lernen braucht Muße! Zeitdruck und Stress sind für alle Lernprozesse höchst kontraproduktiv.

Adaptives Lernen

Adaptives Lernen (= die Art der Wissensvermittlung passt sich an den Wissensstand und die Lernpräferenzen der Lernenden an) ist mithilfe technischer Möglichkeiten leicht machbar. Diese Herangehensweise spart Lernzeit und entspricht auch unserem Wesen: Wir eignen uns Dinge gern auf unsere eigene Art und Weise an.

Der Klassiker beim adaptiven Lernen ist ein Pretest. Abhängig vom Ergebnis erhält der Lernende Vorschläge, mit welchen Lerneinheiten er einsteigen und wie er dann weitermachen könnte. Die Trainerin kann vorab sehen, wie fit einzelne Teilnehmer*innen tatsächlich sind. Das spart Zeit, denn die Lernenden müssen nicht das gesamte Angebot immer wieder von Neuem durchgehen.

Gehirngerechte Portionen / Learning Nuggets

Bei der Erstellung von Materialien sollten Sie stets darauf achten, dass diese auch gehirngerecht sind. Unser Kurzzeitgedächtnis ist sehr begrenzt. Daher gilt es, die Menge an Informationen (vor allem Daten und Fakten) zu reduzieren. Zu viele Details und Fakten überfordern die Aufnahmekapazität der Lernenden. Außerdem wissen wir aus zahlreichen gedächtnispsychologischen Studien, dass Menschen sich Informationen, die für sie eine Bedeutung haben, viel leichter merken. Betrachten wir unser Gehirn einmal aus dem Blickwinkel der Evolution: Seine Hauptfunktion bestand darin, das Überleben zu sichern. Dafür ist es u. a. wichtig, Zusammenhänge schnell zu erfassen und neue Lösungen zu entwickeln. Für Faktenwissen ist unser Gehirn einfach nicht gemacht.

Sie brauchen also kurze Lerneinheiten, die auch Learning Nuggets oder Micro Learnings genannt werden. Diese haben zumeist eine Dauer von drei bis zehn Minuten, sind modular aufgebaut und ermöglichen sowohl dem Lernenden als auch der Organisation maximale Flexibilität. Einzelne Lernhäppchen können nach Belieben angepasst oder ausgetauscht werden. Sie lassen sich auf verschiedene Berufsgruppen oder Abteilungen anpassen und je nach Bedarf aktualisieren.

Transferkampagnen einplanen

Der Transfer in die Praxis muss von Anfang an mitgedacht werden. Damit sorgen Sie für eine hohe Erfolgswahrscheinlichkeit und aktivieren Ihre Teilnehmer*innen zu einer nachhaltigen Umsetzung.

Nach einem Lernimpuls, einem Seminar oder Video etc., sollten Menschen idealerweise immer in einen positiven Erfahrungskorridor kommen. Sie brauchen diese positiven Erfahrungen, um auch nach dem Seminar mit Freude und Motivation am Thema dranzubleiben. Und das können wir mit unseren Lernarrangements steuern. Zum Beispiel mit Remindern im Alltag, die kleine, ganz praktische Aufgaben enthalten. Dazu geben wir unseren Teilnehmer*innen Hinweise, wo sie etwas nachlesen oder auffrischen können (z. B. einen Link zu einem Video) – etwa, wenn sie Umsetzungsschritte vergessen haben (sich z. B. nicht mehr an die drei Ws von Feedback erinnern). Oder wir bieten ihnen einen Test zur Selbsteinschätzung an etc. Wichtig ist, die Teilnehmer*innen nicht alleinzulassen. Sie sollten von den Trainer*innen oder Bildungsverantwortlichen regelmäßig weitere Inspirationen oder wichtige Infos erhalten.

Orientierung geben

Gerade für asynchrone, also selbstorganisierte Lernzeiten ist es für die Lernenden wichtig zu wissen, wo sie stehen. Die Teilnehmer*innen brauchen daher sehr klare Informationen. Das betrifft zum Beispiel den Lernpfad des Kurses bzw. Lehrgangs. Es braucht eine klare Kursstruktur, die Orientierung bietet und sichtbar macht, wo im Lernablauf die Einzelnen sich gerade befinden.

Für die Selbstorganisation der Teilnehmer*innen ist außerdem eine Orientierung über die voraussichtliche Dauer der Selbstlernphase wichtig. Geben Sie die Dauer in der Kursbeschreibung an und versehen Sie auch Dokumente oder Videos mit zeitlichen Angaben. Die Teilnehmer*innen können so schneller entscheiden, ob z. B. eine Zugfahrt zeitlich reicht, um auf dem Handy ein Video anzusehen. Außerdem brauchen Führungskräfte Klarheit darüber, wie viel Zeit sie ihren Mitarbeiter*innen am Arbeitsplatz für E-Learning zur Verfügung stellen sollen.

Idealerweise sind die einzelnen Inhaltsblöcke des Lernarrangements gut aufeinander abgestimmt. Am Ende soll den Teilnehmer*innen das große Ganze klar sein. Es geht darum, ein Lernszenario zu entwickeln, in dem Lernende schrittweise und mit wachsender Komplexität die angestrebten Qualifikationen erwerben können.

Diese Klarheit braucht es auch bei den zur Verfügung gestellten Materialien, egal ob Lehrvideo oder E-Book. Die Informationen müssen leicht verständlich, gut strukturiert und visuell ansprechend aufbereitet sein. Auch müssen die Regeln und Anforderungen für die Abgabe von Aufgaben präzise formuliert sein. Im Seminarraum können Trainer*innen akustisch, visuell oder atmosphärisch schnell erkennen, ob eine ihrer Anweisungen unklar ist, und entsprechend gegensteuern. Im asynchronen Ablauf eines Online-Kurses fehlt diese unmittelbare Korrektur. Das kann leicht zu Frustration, Unzufriedenheit und Motivationsverlust bei den Teilnehmer*innen führen.

User Generated Content

Lerninhalte werden immer mehr auch von den Lernenden selbst entwickelt. Hierfür sind allerding technische Systeme erforderlich, die solche Inhalte für alle zugänglich machen. Außerdem braucht es Formate, die diese Form des Lernens bewusst einbauen. Die Lernenden bleiben so nicht passive Konsument*innen, sondern werden zu aktiven Content-Produzent*innen.

„Mobile first!"

Lernen wird immer mehr flexibler. Die Lernenden können sich heute praktisch überall, egal, wo sie sind, mit den Lerninhalten beschäftigen. Hier gilt die Strategie „Mobile first". Der Trend zeigt, dass immer mehr Nutzer*innen mit dem Smartphone oder Tablet im Internet surfen und nicht vor dem Desktop. Deshalb sollten Lernumgebungen darauf abgestimmt und auf mobile Endgeräte hin optimiert sein. Diese Strategie unterstützen auch die bereits angesprochenen Learning Nuggets und Zeitangaben bei Videos, Texten oder Aufgaben.

Notwendigkeit der Zusammenarbeit

In Zukunft wird es in vielen Fällen notwendig sein, bei der Planung, Entwicklung und Durchführung von Bildungsveranstaltungen mehr Personen als bisher zu beteiligen. An der Entwicklung können zum Beispiel Fachexpert*innen, didaktische und technische Berater*innen, Programmierer*innen, Drehbuchautor*innen, Videoexpert*innen oder Designer*innen beteiligt werden. Alle diese Kompetenzen sind gefragt und heute kaum mehr in einer einzigen Person zu vereinen.

2.4 Didaktisches Konzept – auf die kluge Mischung kommt es an

Wie immer Sie Ihren Lernprozess designen: Das Vermittelte sollte letztlich in den Einsatz in der Praxis münden und Ihre Zielgruppe optimal dafür vorbereiten.

Geschickte Verzahnung von Lernformaten

Bei der Architektur neuer Lerndesigns sollten Sie besonders auf das geschickte Verzahnen der einzelnen Formate achten, wie zum Beispiel das von Online- und Präsenzmodulen.

Persönliche Betrachtung

Als ich 2014 mit dem Blended-Learning-Format unserer Trainerausbildung startete, machte ich mit der optimalen Verzahnung der Formate im eigenen Trainerteam so manche herausfordernde Erfahrung. Einigen Trainerkolleg*innen fiel es schwer, auf die Selbstverantwortung der Teilnehmer*innen zu vertrauen. So mussten diese zum Beispiel als Vorbereitungsarbeit auf ein Präsenzmodul drei Videolektionen zu den theoretischen Grundlagen für das kommende Modul absolvieren. Dadurch sollte im Präsenzseminar mehr Zeit für das praktische Tun gewonnen werden. Ein Trainer hatte allerdings die Sorge, die Teilnehmenden könnten nicht ausreichend vorbereitet sein, weshalb er zu Beginn des Präsenzmoduls diese Inhalte abermals präsentierte. Zu Recht ärgerte das jene Teilnehmer*innen, die sich sorgfältig vorbereitet hatten, und ihr Unmut schlug sich prompt als negatives Feedback in den Bewertungsbögen nieder. Gerade zu Beginn der Umstellung hatten sich tatsächlich einige Teilnehmer*innen die Lektionen nicht angesehen, was der Trainer zu seiner Verteidigung dann anführte.

Ein unterschiedlicher Wissensstand der Zielgruppen ist natürlich eine denkbar ungünstige Voraussetzung für den weiteren Lernprozess. Für mich war jedoch damals schon klar: Wenn wir in unseren Lehrgängen das Lernen und Lehren nachhaltig umstellen wollen, dürfen wir keine Ausnahmen im Ablauf des Programms machen. Denn spricht sich die lockere Vorgangsweise eines Trainers erst einmal herum, sinkt die Bereitschaft der Lernenden, sich ernsthaft vorzubereiten, massiv ab.

Es brauchte damals einige Gespräche in unserem Trainerteam, um ein Umdenken zu etablieren und gerade zu Beginn einige schwierige umstellungsbedingte Situationen zu umschiffen.

In den unterschiedlichen synchronen und asynchronen Formaten können Sie Kombinationen aus verschiedenen Bausteinen zusammenstellen. Typische Bausteine sind:

- *verbale Bausteine* wie geschriebene Texte (z. B. E-Book, PDF), Aufgaben, Audiodateien (z. B. Podcast);
- *visuelle Bausteine* wie Videos, Animationen, Bilder, 3-D-Lernobjekte;
- *interaktive Bausteine* wie Simulationen, Lernspiele, Quiz, Rollen- und Planspiele, Foren;
- *reflexive Bausteine* wie Lerntagebuch, Transferaufgaben (z. B. Gespräche mit Kollegen und Vorgesetzten), 1:1-Coaching.

Für eine Verzahnung könnten Sie zum Beispiel die Informationen aus der Selbstlernphase im Präsenztraining mit einem Quiz rekapitulieren. Das lässt sich spannend gestalten und macht den meisten Menschen Spaß. So kann jeder für sich herausfinden, wie sein Wissensstand ist, und auch der Trainer erkennt sofort, wo er ansetzen muss.

Eine andere Möglichkeit: Die Teilnehmer*innen bekommen Beobachtungsaufgaben zum Theorieteil. Bei einem Kommunikationsseminar könnte die Aufgabe lauten, Beispiele für gelungene Kommunikation am Arbeitsplatz zu sammeln.

Didaktische Kompetenz

„Didaktik ist die Wissenschaft vom Lehren und Lernen überhaupt. Sie befasst sich mit dem Lernen in allen Formen und dem Lehren aller Art" (Dolch 1965).

Viele Trainer*innen arbeiten in Präsenzseminaren oft gruppendynamisch: Gemeinsam mit der Gruppe entwickeln sie das Seminardesign und gehen dabei sehr individuell auf die Teilnehmer*innenwünsche ein. Moderne Lernarchitektur funktioniert jedoch völlig anders: Der gesamte Prozess wird vorab festgelegt, wofür vor allem ein sehr klares Design nötig ist. Ein solches zu erstellen kann für Trainer*innen oder Personalverantwortliche – vor allem anfangs – ungewohnt sein Mehr denn je braucht es dafür eine didaktische Kompetenz und ein sauberes Abklären wichtiger Informationen über die Zielgruppe oder das Seminarziel – und das im Vorfeld.

Taktung von Lerneinheiten

Die Taktung, also die Länge der Zeiträume zwischen den Aufgaben, ist ein wichtiger Erfolgsfaktor. Das gilt auch für die Überlegung, ob man alle Informationen und Aufgaben auf einmal zur Verfügung stellt oder ob man sie häppchenweise freischaltet.

Bei der sequenziellen Bereitstellung von Lernmaterialien ist die Zeitdauer der Bearbeitung geschickt zu wählen. Es sollte nicht zu viel Zeit zwischen den einzelnen Infoblöcken liegen, um der Vergessenskurve gegenzusteuern. Die Sequenzen dürfen aber auch nicht zu rasch aufeinander folgen. Denn gerade im Arbeitskontext soll

Lernen nicht zusätzlichen Stress erzeugen, sondern den Lernenden mittels Freude an der Sache echten Nutzen bringen.

Lernbegleitung

Selbstlernphasen und Transferaufgaben verlagern die Verantwortung für den Lernprozess immer mehr in Richtung der Teilnehmer*innen. Das bedeutet aber nicht, dass sie von den Trainer*innen von nun an gänzlich links liegen gelassen werden. In guten Lernarrangements wird immer eine Begleitung mitgedacht. Diese kann in Form von Coaching, 1:1 oder in Gruppen, organisiert werden oder durch Experten-Foren oder Chats.

Diese Begleitung findet zumeist „on Demand" statt, also immer dann, wenn ein Lernender Unterstützung benötigt. Er hat die Möglichkeit, auf die Unterstützung der Gruppe oder die eines Experten zurückzugreifen. Solche Begleitungseinheiten dienen dem vertraulichen Erfahrungsaustausch, der Suche nach Lösungen und neuen Ideen sowie der konkreten Hilfestellung. Praxissituationen können gemeinsam reflektiert werden, ebenso Bedenken und Vorbehalte. Die Begleitungsangebote können kontinuierlich während des gesamten Prozesses stattfinden oder nur in einzelnen der folgenden Phasen:

1. Phase: Lernbedarf feststellen und persönliche Lernziele ableiten
2. Phase: Lernwege planen
3. Phase: Umsetzung begleiten
4. Phase Lernprozess reflektieren

Hierin zeigt sich die starke Veränderung der Trainerrolle in Richtung einer eindeutigen Lernbegleitung, auf die ich in Kapitel 3 (Blickrichtung Trainerrolle) gesondert eingehen werde.

Erfolgskriterien festlegen

Bei den meisten Präsenzveranstaltungen galt bisher die reine Anwesenheit als ein „Erfolgskriterium". Waren Teilnehmer*innen während des gesamten (oder zumindest eines Großteils des) Seminars anwesend, gab es eine Seminarbestätigung.

Durch die neuen Lernplattformen wird Lernen sichtbar! Wir erkennen nicht nur, wer sich wann das letzte Mal auf der Plattform aufgehalten hat, es wird auch der jeweilige Lernfortschritt visualisiert. Dadurch sind alle Aufgaben und deren Lösung sowie die Qualität leicht überprüfbar. Deshalb ist bereits im Vorfeld beim Erstellen von Lernarrangements unbedingt zu klären, ob etwaige Vorbereitungsarbeiten verpflichtend oder optional zu absolvieren sind. Ist eine Bewertung von Arbeiten vorzunehmen, kann eine einfache Form gewählt werden, wie 100 % bei Erledigung und 0 % bei Nicht-Erledigung. Oder Sie legen als Trainier*in ein Schema mit Abstufungen fest. Dann müssen die Bewertungskriterien für die Teilnehmenden auf jeden Fall einsehbar sein.

TIPP!

Stellen Sie sich darauf ein, dass die Teilnehmer*innen bei den Kriterien bzw. den Bewertungen „verhandeln" werden. Anrufe oder E-Mails mit Entschuldigungen und mehr oder weniger glaubhaften Ausreden sind hier keine Ausnahme. Wie mit solchen „Verhandlungsversuchen" umzugehen ist, kulant oder weniger kulant, sollte firmenintern und in Absprache mit den Trainer*innen geklärt werden, schließlich spiegelt sich auch hier die Firmenkultur ein Stück weit wider. Mehr dazu folgt in Kapitel 4, „Blickrichtung Unternehmenskultur".

Die 9 Ws der Didaktik (nach Meyer und Jank)

Wie bei Präsenzseminaren können Sie auch für die didaktische Aufbereitung Ihrer Lernarrangements die 9 Ws der Didaktik zur Orientierung heranziehen. Die folgenden neun W-Fragen müssen in der Konzeptphase behandelt werden:

✓ WER ist meine Zielgruppe? Hier klären Sie Fragen nach dem Kenntnisstand, den Spezifika Ihrer Zielgruppe und nach dem Bedarf.

✓ WOZU soll gelernt werden? Diese Frage zielt auf Lernziele und Lernzielstufen beziehungsweise Kompetenzen ab.
Nach Arnold et al. (1999, S. 79) sind Lernziele Schritte auf dem Weg zur Kompetenzentwicklung: „Lernziele sind die möglichst exakte Beschreibung des angestrebten Lernergebnisses."
Für die Erstellung von Lernarrangements empfehle ich Ihnen, die Unterscheidung folgender drei Kompetenzarten in Anlehnung an die Taxonomie nach Bloom zu verwenden. Diese sind:
   - **Wissen** (Daten, Fakten kennen und reproduzieren, Wissen über mich und andere)
   - **Einstellungen** (Haltungen gegenüber Menschen, Dingen, Werte, Interessen)
   - **Fertigkeiten** (selbstständiges Anwenden und Umsetzung in die Praxis; die Lernenden können aktiv mit dem Gelernten umgehen)

Den Lerninhalten Kompetenzen zuzuordnen ist eine wichtige Grundlage für die Auswahl der Formate, Medien und Methoden.

Hilfe bei der Formulierung der Kompetenzen

Lernziele	Deskriptoren
1. Wissen/Kennen	wissen, wiedergeben, erklären, erinnern, kennen, reproduzieren, angeben, beschreiben, Instanzen oder Begriffe klassifizieren/zuordnen – einordnen, darstellen und erläutern, zusammenfassen, begründen, Schlussfolgerungen ziehen
2. Einstellungen	bewusst werden, wertvoll finden, akzeptieren, vertrauen, sich einlassen, überzeugt sein
3. Fertigkeiten	anwenden, analysieren, entwickeln, können, lösen, beraten, erzeugen, auswerten, ausrechnen, ausführen, umsetzen

Bei jeder dieser drei Kompetenzen können Sie sich außerdem fragen, welches Niveau Sie erreichen wollen. Eine detaillierte Beschreibung der Leistungsniveaus pro Kompetenz finden Sie zum Beispiel in Michael Kerres Buch *Mediendidaktik* (2018, S. 314 ff.).

Im Anhang, auf Seite 166, biete ich Ihnen eine Übersicht mit Ideen für die didaktische Umsetzung pro Kompetenzart an.

- ✓ WAS soll gelernt werden? Hier geht es um die Inhalte, die gebraucht werden, um das Lernziel zu erreichen. Denken Sie an die neurodidaktischen Grundlagen der Learning-Nuggets und wenden Sie die didaktische Reduktion unbedingt an.
- ✓ Von WEM soll gelernt werden? Hier liegt der Fokus auf dem Trainer/der Trainerin. Welche Kompetenzen sollten die Lehrenden mitbringen.
- ✓ WANN soll gelernt werden? Hier klären Sie den Zeitpunkt, die Dauer und die Abfolge.
- ✓ Mit WEM soll gelernt werden? Ist es ein klassisches WBT, das alleine absolviert wird? Oder soll Lernen in Kleingruppen stattfinden?
- ✓ WO soll am besten gelernt werden? Je nach Ihrer Lernarchitektur ist der Lernort mehr oder weniger frei wählbar, da Online-Angebote ortsunabhängig sind. Für Präsenzveranstaltungen ist der Ort vorab für alle einheitlich zu wählen. Hier gilt es zu entscheiden, ob z.B. der Konferenzraum auf dem Firmengelände optimal für den Lernerfolg ist – oder nicht doch besser das Seminarhotel im Grünen.
- ✓ WIE soll gelernt werden? Hier geht es um Methoden, Formen und Verfahren. Diese richten sich einerseits nach den Lernzielen, andererseits nach der Zielgruppe.

Die folgenden Beispiele zeigen, wie Vermittlung gestaltet werden kann:

Theorie	Praxis	Mischformen
Frontalunterricht	Vormachen	Einzelarbeit
Vortrag, Referat	Vorführen	Gruppenarbeit
Diskussion	Üben und Trainieren	Projektmethode
Interview, Expertenbefragung	Wiederholen	Rollenspiele
Brainstorming, Kartenabfrage	Spiel, Wettkampf	Fallstudie
	Versuch & Irrtum	Üben

Ihre Lerndesigns können grundsätzlich zwischen zwei extremen Polen angesiedelt sein. An dem einen Ende gibt es Arrangements mit einer festen Kursstruktur und fixen Terminen (für Live-Treffen, Abgabetermine etc.). Hier können Sie überlegen, ob Sie die Inhalte sequenziell, also häppchenweise, freischalten oder den Lernenden von Anfang an alles zur Verfügung stellen.

Am anderen Ende der Skala liegen Modelle, die den Lernenden ein selbstgesteuertes Lernen ermöglichen, ihnen also völlig freie Hand lassen. Diese Modelle können bei Bedarf durch Coaching oder Betreuung in einem Forum unterstützt werden.

✓ WOMIT soll gelernt werden? Bei der Frage nach den Lernmedien spielen auch die technischen Kompetenzen der Lernenden und Lehrenden in Bezug auf die Medien eine Rolle.

Im Folgenden habe ich für Sie einen optimalen Entwicklungsprozess für Lernarrangements zusammengefasst. Darin finden Sie auch die neun Ws an den jeweils im Prozess passenden Stellen.

2.5 Schritt für Schritt in die Praxis

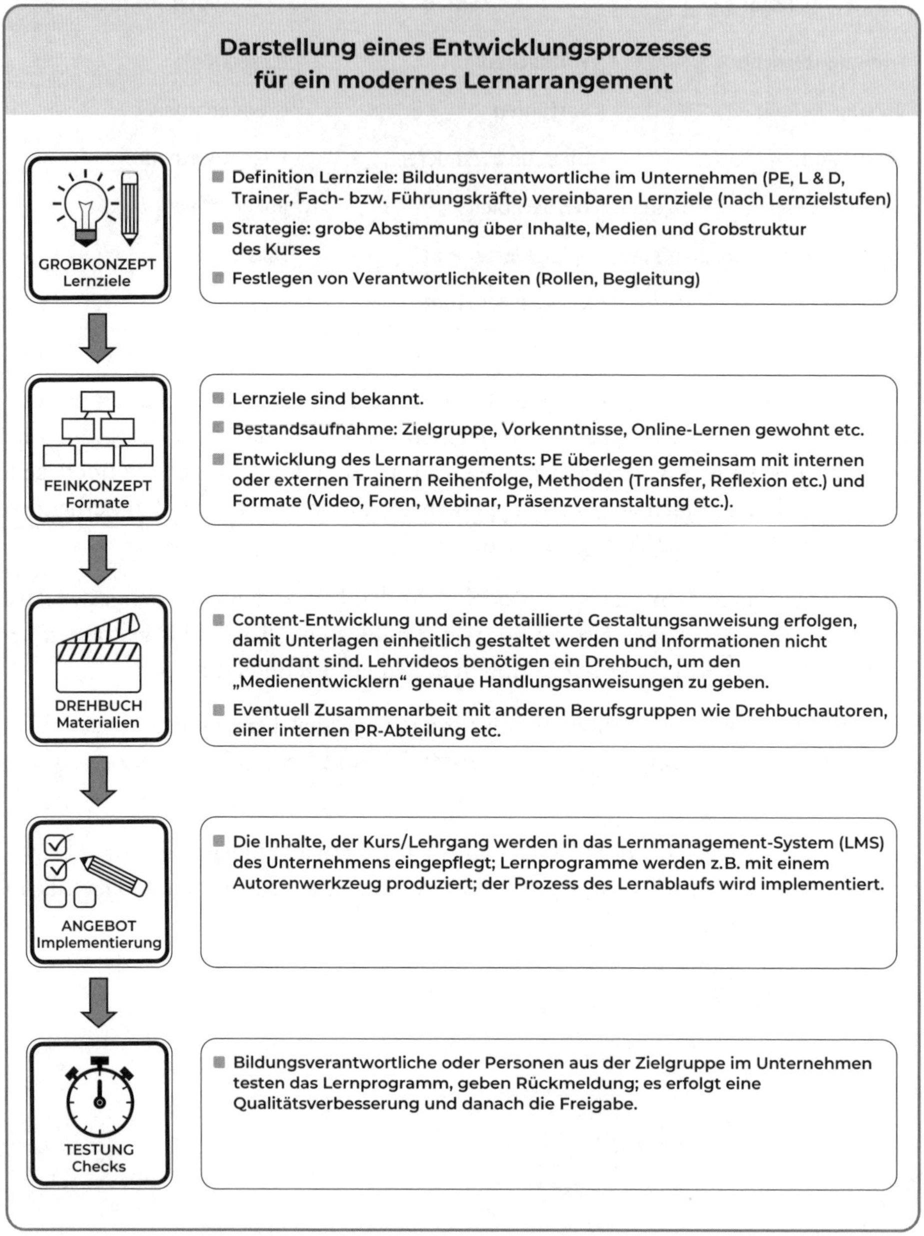

Abbildung 4: Entwicklungsprozess eines Lernarrangements

TIPP!

Die Konzeption wirkungsvoller Lernarrangements erledigt sich nicht mal eben so und nebenbei. Die Planung Ihres Konzepts braucht unter Umständen viel mehr Zeit, da Sie auch weitreichendere Möglichkeiten der Gestaltung zur Verfügung haben. Das ist einer der wesentlichsten Unterschiede zu einem Präsenzseminar!

Je häufiger Sie sich allerdings damit beschäftigen, umso schneller und effizienter werden Sie arbeiten. Voraussetzung dafür ist jedoch, dass Sie sich eine perfekt strukturierte Online-Bibliothek für Ihre Designs und sonstigen Materialien anlegen.

Schritt 1: Grobkonzept erstellen

Als ersten Schritt empfehle ich, dass sich die relevanten Personen – zumeist Bildungsverantwortliche im Unternehmen wie PE, Trainer*innen, Fach- bzw. Führungskräfte – zusammensetzen und überlegen, wo sie mit dem Angebot überhaupt hinwollen. Das Ergebnis dieser Überlegungen ist der Ausgangspunkt aller weiteren Diskussionen.

Überlegen Sie, welches Problem mit dem Bildungsangebot gelöst werden soll. Welchen Bedarf hat Ihre Zielgruppe und welchen Nutzen hat sie durch das Angebot? Bei diesen Überlegungen sind die Lernzielstufen als möglichst exakte Beschreibung der Lernergebnisse hilfreich. Sie werden in der Praxis feststellen, dass dieser Prozess einfacher erscheint, als er tatsächlich ist. Aber hier ausreichend Zeit zu investieren lohnt sich auf jeden Fall. Ihr Angebot ist nur dann aussichtsreich, wenn es in der Zielgruppe auch einen Bedarf dafür gibt.

Beim Formulieren der Lernziele kommt es zumeist zu einer vorläufigen Abstimmung über Inhalte, Medien und die Grobstruktur des Kurses. All diese Erkenntnisse sollten Sie unbedingt schriftlich festhalten. Der erste Schritt ist beendet, wenn erste Verantwortlichkeiten (Rollen, Begleitung etc.) festgelegt wurden.

Folgende Rollen können im Rahmen von neuen Lernarrangements wichtig sein:

Ideengeber:	Personen, die etwas von Didaktik, Methodik und Inhalt verstehen.
Projektkoordinator:	Jemand, der die Organisation und Koordination im Team übernimmt.
Support-Mitarbeiter:	wie IT-Verantwortliche oder jemand, der Texte lektoriert, Videos produzieren kann; Personen, die Autorentools beherrschen, das LMS befüllen und mit dem Webinartool umgehen können. Und auch Personen, die etwas von Marketing verstehen, denn es verirrt sich niemand zufällig in ein E-Learning.
Lehrende:	Die Personen, die zu sehen oder zu hören sein werden; die Personen, die bei den synchronen Formaten anwesend sind.

Sie sehen schon, die verschiedenen Rollen und Aufgaben werden in Zukunft sehr viel spezialisierter sein. Den typischen Allrounder im Trainingsbereich wird es bald nicht mehr geben, denn es ist fast unmöglich, für alle erforderlichen Rollen auch fundierte Kenntnisse und Kompetenzen mitzubringen.

An dieser Stelle legen Sie auch fest, welche Personen im nächsten Schritt das Feinkonzept erstellen.

Schritt 2: Feinkonzept erstellen

Aufbauend auf den Lernzielen erfolgt nun eine genaue Bestandsaufnahme der Zielgruppe. Welche Vorkenntnisse gibt es? Sind die Personen an Online-Lernmaßnahmen gewöhnt, sind Selbstorganisationskompetenzen vorhanden? Etc. Jetzt legen Sie fest, wie Ihr Konzept im Detail aussehen soll. Das Lernszenario muss dabei zu Ihren Zielen, der Zielgruppe und auch zu Ihren Ressourcen passen.

Konkret überlegen Sie, …
- welche Inhalte Sie in welcher Reihenfolge brauchen;
- welche Methoden (Vortrag, Gruppenarbeit, Transfer, Reflexion, etc.) angemessen sind;
- wie die passenden Formate (synchron / asynchron, Video, Foren, Webinar, Präsenzveranstaltung etc.) aussehen könnten.

Am Ende dieses Schritts sollten Sie folgende Fragen sehr klar beantworten können:
- Welche Intensität der Begleitung ist erforderlich und in welcher Form können Sie Praxisbezüge einfließen lassen?

- Wie viele Materialien wie Videos, Folien, Handouts wollen Sie zur Verfügung stellen und wer soll diese erstellen?
- „Make or buy"? Wenn die eigenen Ressourcen nicht ausreichen sollten, kann es sinnvoll sein, einen Teil des Benötigten zuzukaufen.
- Welche Instrumente eignen sich zum Üben und Abprüfen der Fähigkeiten?
- Wollen Sie Daten tracken? Und wenn ja, welche? Zum Beispiel den Fortschritt der Teilnehmer*innen beim Ansehen von Videos?

Für das Finetuning Ihres intelligenten Lernarrangements können Sie die sechs Phasen zur Konzeption von Online-Kursen in Anlehnung an das Fünf-Stufen-Modell von Gilly Salmon heranziehen. Sie geben Ihnen Anregungen, wie Sie die einzelnen Phasen gestalten können, um ein erfolgreiches, aktives und nachhaltiges Online-Lernen zu unterstützen und zu fördern.

Phase 1: Zugang und Motivation

Der erste Schritt besteht darin, den Teilnehmer*innen einen unkomplizierten und einfachen Zugang zum virtuellen Raum oder zur Lernplattform zu ermöglichen. In einer kurzen E-Mail können Sie die Teilnehmenden begrüßen, mit entsprechenden motivierenden Worten nochmals Interesse für das Angebot wecken und gleichzeitig die Zugangsdaten bekanntgeben. Ich empfehle, in diesem ersten Schreiben auch sofort auf verfügbare Hilfsangebote wie das Benutzerhandbuch oder Erklärvideos hinzuweisen.

An dieser Stelle können wir noch nicht davon ausgehen, dass alle Teilnehmer*innen gleich gut mit den technischen Anforderungen zurechtkommen. Deshalb macht es Sinn, in dieser Phase einen Ansprechpartner für eventuelle technische Probleme zu benennen. Achten Sie vor allem darauf, die Hilfestellungen einfach, klar, einladend und benutzerfreundlich zu erstellen. So schaffen Sie von Anfang an eine positive Einstellung zu Ihrem Online-Angebot und beugen etwaigen ängstlichen Abwehrhaltungen vor.

Phase 2: Online-Sozialisation

Durch erste, einfache Aufgaben, wie das Erstellen des eigenen Profils oder das Durchgehen der Vorstellungstexte der übrigen Lernenden, können sich Ihre Teilnehmer*innen mit der Lernumgebung vertraut machen. In dieser Phase bekommen sie sozusagen ihre „Online-Identität". Es macht Sinn, bereits in dieser Phase interaktive Medien wie Vorstellungsvideos einzuführen. Es trägt maßgeblich zur Orientierung der Teilnehmenden bei, wenn die Trainer*innen ein Begrüßungsvideo mit ersten Informationen hinterlegen. Das bringt gleich von Anfang an das Attribut Menschlichkeit in den für viele noch so neuartigen virtuellen Raum.

Diese Sozialisationsphase ist, wie ja auch bei Präsenzveranstaltungen, eine perfekte Möglichkeit, Vertrauen zu gewinnen. Vertrauen ist ein unabdingbares Fundamt, um in vertieften Kontakt zu treten und in weiterer Folge gemeinsam zu lernen.

Diese Phase ist auch perfekt dazu geeignet, sofort das wichtige Thema der sogenannten „Netiquette" zu besprechen. Damit sind alle zu beachtenden Regeln für den gemeinsamen Umgang gemeint sowie die notwendigen Verbindlichkeiten in der technischen Kommunikation.

Phase 3: Informationsaustausch

In dieser Phase stellen Sie die Lernmaterialien zur Verfügung und unterstützen die Teilnehmer*innen dabei, diese auch adäquat zu nutzen. Die Trainer*innen geben jetzt konkrete Aufgabenstellungen.

Es ist an dieser Stelle besonders wichtig, dass eine Ansprechperson, in der Regel der Trainer oder die Trainerin, für etwaige Fragen und Hilfestellungen zur Verfügung steht. Trainer*innen sollten im virtuellen Raum immer wieder präsent sein und aktiv nachfragen, wie es den Teilnehmer*innen mit den einzelnen Materialien oder Aufgaben ergeht. Aufgrund dieser regelmäßigen Präsenz ist es möglich, durch gezielte Interventionen, etwa kooperative Aufgaben, einen Austausch unter den Teilnehmenden zu initiieren und dadurch das gemeinsame Lernen zu forcieren. Klare Arbeitsaufträge, fixe Termine und eindeutige Fristsetzungen zur Erledigung der gestellten Aufgaben unterstützen Ihre Lernenden dabei, Orientierung zu gewinnen und ein gutes Selbstmanagement aufzubauen.

Phase 4: Wissenskonstruktion

In dieser Phase sind die Teilnehmer*innen gefordert, selbstorganisiert zu arbeiten, der Trainer oder die Trainerin unterstützt den Lernprozess durch kooperative Aufgaben. Ideal sind hier Aufgaben, die es ermöglichen, unterschiedliche Standpunkte zu diskutieren, verschiedene Perspektiven sichtbar zu machen und gemeinsam Ideen zu entwickeln. Ziel ist die gemeinschaftliche Konstruktion von Wissen. Durch die Interaktion der Teilnehmenden in unterschiedlichen Formaten wie Forum, Live-Online-Meetings oder Kleingruppenarbeiten wird Wissen geteilt und durch Diskussion und Präsentation noch weiter vertieft.

Phase 5: Ergebnispräsentation

Dies ist der Moment, in dem Sie als Trainer*in die Lern- und Arbeitsergebnisse für alle sichtbar im Lernraum zur Diskussion stellen und offene Fragen und Probleme reflektieren. Wenn Sie die ersten Phasen gut aufbereitet haben, sind die Teilnehmer*innen zu einer Learning Community geworden. Sie berichten über eigene Erfahrungen und erhalten Feedback oder Ideen aus der Gruppe.

Phase 6: Transfer und Entwicklung

In der Abschlussphase Ihres Lernarrangements sollten Sie die intensive Reflexion aller erlebten Lernprozesse anregen. Geben Sie den Lernenden dabei ausreichend Zeit, sich ihrer eigenen, ganz individuellen Lerngewohnheiten in der Tiefe bewusst zu werden, denn aus diesen Überlegungen heraus können die jeweils adäquaten persönlichen Lernstrategien für die Zukunft abgeleitet werden. Mit einem Online-Lerntagebuch, das jeder Teilnehmer, jede Teilnehmerin für sich führt, und gemeinsamen Reflexionsrunden können Sie diesen Prozess schon von Anfang an entsprechend einsehen und begleiten.

Für Lernende wie Trainer*innen gilt es in dieser letzten Phase vor allem, die gemachten Erfahrungen nochmals zu rekapitulieren und für die weitere lerntechnische und professionelle Entwicklung nach dem Online-Kurs konkrete Schritte zu setzen. Diese Reflexion des Lernprozesses bei den Teilnehmenden können Sie selbstorganisiert anleiten oder aktiv im Austausch mit Kleingruppen oder Einzelpersonen gestalten. Die Teilnehmenden sollten zum Abschluss aktiv eingeladen und auch aufgefordert werden, ab sofort ihre weiteren Lernziele und Lernwege zu planen.

Die 6 Phasen eines Online-Kurses

Darstellung der aufeinander aufbauenden Phasen eines Online-Kurses
Der Grad der Interaktivität nimmt von Phase zu Phase zu

PHASE 1 Zugang und Motivation	Virtuellen Raum bzw. Lernplattform einrichten und Zugang verschaffen *(z. B.: Einladungslink versenden)*; begrüßen, ermutigen, auf Hilfen verweisen *(Handbuch zur Benutzung oder Erklärvideos hinterlegen)*
PHASE 2 Online-Sozialisation	Vertraut machen mit der Lernumgebung *(z. B.: das eigene Profil anlegen, Profile der anderen TN durchsehen)*, Kennenlernen mit interaktiven Medien unterstützen *(Vorstellungsvideo der TR)*
PHASE 3 Informations-austausch	Nutzung der Lernmaterialien unterstützen, Aufgabenbearbeitung unterstützen *(z. B. als TR im Forum aktiv und präsent sein; aktiv im Forum nachfragen, ob jemand Unterstützung benötigt, oder weiterführende Informationsvideos oder -Links zur Verfügung stellen)*
PHASE 4 Wissens-konstruktion	Selbstorganisierte und kooperative Lernprozesse unterstützen; Fragen und Antworten gemeinsam diskutieren und klären *(z. B. können hier Tools wie digitale Pinnwände genutzt werden, online Gruppenarbeiten verteilt werden)*
PHASE 5 Ergebnis-präsentation	Lern- und Arbeitsergebnisse im Lernraum zur Diskussion stellen, offene Fragen und Probleme reflektieren *(z. B. berichten die TN über Fallbeispiele oder präsentieren etwas im Rahmen eines Live-Online-Trainings und erhalten von den anderen TN Feedback)*
PHASE 6 Entwicklung	Reflexion der Lernprozesse anregen; weitere Lernziele und Lernwege planen *(z. B.: Führen eines Online-Lerntagebuchs plus Möglichkeit von Kommentaren der anderen TN dazu; Praxisaufgaben vergeben; Follow-Up-Termine ausmachen)*

In Anlehnung an Salomon 2004, 26, zit. In Arnold, Kilian, Thillosen, Zimmer, 2018

Abbildung 5: Übersicht über die sechs Phasen eines Online-Kurses

Schritt 3: Materialien erstellen

In diesem Schritt geht es darum, die tatsächlichen Kursbestandteile zu erstellen. Sie entscheiden, welche Inhalte live präsentiert und welche online zum Selbstlernen zur Verfügung gestellt werden. Denken Sie hier immer das Lernerlebnis im Detail mit und schaffen Sie darauf basierend Motivation und Spaß beim Lernen.

Auch bei der Gestaltung der Materialien gibt es einige Elemente zu beachten.

Dokumente gestalten

So innovativ und vielfältig Bildung durch die Digitalisierung auch sein könnte, es bleibt in vielen Fällen leider dabei, Informationen in Form von Dokumenten auszugeben. Doch wer von uns hat tatsächlich Lust, ein 50-seitiges Skript zu lesen?

Bei der Erstellung von Dokumenten sollten Sie den Erkenntnissen der Neurowissenschaften und den Möglichkeiten der Digitalisierung Rechnung tragen. Das bedeutet, kurze Leseeinheiten zu erstellen und diese übersichtlich und strukturiert zu verfassen. Das Arbeitsgedächtnis wird es Ihnen danken. Nutzen Sie Tools, um Ihre Dokumente mit Bildern, Links oder Animationen aufzupeppen. So können die Lernenden aktiv damit arbeiten, sich durchklicken und weiterführende Informationen entdecken.

Lassen Sie Ihre Texte unbedingt von Fachleuten lektorieren, um Lesefreundlichkeit zu garantieren. Vergessen Sie nicht, Sie haben es mit einem hohen Anteil an notwendiger Selbstorganisation der Lernenden zu tun. Sie möchten mit hoher Wahrscheinlichkeit sicherstellen, dass Ihre Teilnehmer*innen bis zum Schluss durchhalten und ihre Lektionen auch abschließen.

TIPP!

Geben Sie bei allen Ihren Publikationen auch immer die Lesedauer an, um den Lernenden vorab Orientierung zu geben! Gehen Sie durchschnittlich von 250 bis 300 Wörtern pro Minute aus.

Videos drehen

Zur Erstellung von Lehrvideos stehen Ihnen verschiedene Möglichkeiten zur Verfügung. Sie können selbst groß im Bild sein und Ihre Botschaft vermitteln. Sie können animierte Figuren benutzen, Sie können vertonte PowerPoint-Präsentationen erstellen oder auch eine Ihrer Live-Veranstaltungen aufzeichnen und später den Lernenden zur Verfügung stellen.

Achten Sie bei der Produktion von Videos unbedingt auf eine präzise Sprache und kurze Einheiten! Um die Aufmerksamkeitsfähigkeit und Konzentration Ihrer Teilnehmer*innen zu erhalten, sollten Videoeinheiten nicht länger als zehn Minuten dauern. Es ist daher zu empfehlen, den Content in kleine Micro-Learnings zu verpacken.

Erstellen Sie für Ihre Videos vorab präzise Drehbücher. Kreieren Sie zum Beispiel einen lockeren und leichten Einstieg, etwa eine persönliche Geschichte, und führen Sie Ihre Teilnehmer*innen dann immer konkreter durch den Lernstoff. Falls Sie mit Visualisierungen arbeiten, sollten Sie auch planen, wann welche Art der Darstellung zu sehen ist.

Hier können Sie eine Dokumentenvorlage für ein Videodrehbuch inklusive Mustertext downloaden.

Podcasts

Als Alternative zum Video ist es ebenso möglich, Audiodateien zur Verfügung zu stellen. Diese eignen sich besonders für das Lernen unterwegs, im Auto oder Zug. Auch hier sollten Sie nicht einfach unstrukturiert erzählen, sondern sich vorab einen klaren Aufbau überlegen. Richtig und professionell durchgeführt, eignet sich dieses Format perfekt, um mit lebendigem Storytelling anhand von Geschichten, Beispielen und Anekdoten Wissen zu vermitteln.

Präsentationen

Gerade im Live-Online-Bereich sind PowerPoint-Folien ein klassisches Format. Mit der Funktion „Bildschirmteilen“ können sie als anschauliche Visualisierung von Inhalten, Prozessen oder Arbeitsaufträgen schnell eingesetzt werden. Aber Achtung: Durch die wegfallende Körpersprache im Online-Seminar stehen die Folien im vollen Fokus der Teilnehmer*innen! Deshalb sollten bereits bestehende Präsentationen auf jeden Fall sorgfältig überarbeitet werden. In einer Präsenzveranstaltung werden kleine Schönheitsfehler entweder gar nicht bemerkt oder nicht weiter thematisiert. Das ist im Live-Online-Training nicht der Fall. Kompetenz im Online-Raum wird Ihnen als Trainer*in auch durch professionell gestaltete Folien zugeschrieben.

Schritt 4: Lernmanagementsystem befüllen

Der Kurs / Lehrgang hat nun ein Stadium erreicht, in dem Sie ihn in irgendeiner Form zur Verfügung stellen können. Falls bereits vorhanden, wird nun alles in das Lernmanagementsystem (LMS) des Unternehmens eingepflegt. Lernprogramme werden eventuell noch mit einem Autorenwerkzeug produziert und der Prozess des Lernablaufs mit den genauen Terminen (wie Start, Abgabetermine, Prüfungen, Live-Online-Treffen etc.) wird implementiert.

Hier ist eine Übersicht über die Meilensteine, Struktur und Anforderungen des Angebots unerlässlich. Diese Informationen sollten sowohl als Mail an die Teilnehmenden versendet werden als auch gut sichtbar an einer leicht zu findenden Stelle im System zur Verfügung stehen. In jedem Prozessschritt sollte für die Teilnehmenden klar sein, was genau sie davon haben, den Kurs mitzumachen, und was ihr spezieller Nutzen sein wird.

Schritt 5: Testung

Ich empfehle dringend, in dieser Phase vorab einige Testuser den Kurs absolvieren zu lassen, bevor Sie in den Echtbetrieb wechseln! Sie brauchen unbedingt Rückmeldungen, ob technisch alles glatt läuft, aber auch darüber, ob der generelle Ablauf, die Inhalte und deren Aufbereitung für die Lernenden klar und nachvollziehbar sind. Hat der Kurs einmal offiziell begonnen, ist es kaum noch oder nicht mehr so gut möglich, den Ablauf und das Material, die Videos oder Handouts anzupassen. Das Ziel muss immer sein, schon vor der Freigabe eine Qualitätsverbesserung vorzunehmen.

Nach dem ersten Durchlauf im Echtbetrieb sollten Sie unbedingt eine Evaluierungsschleife einziehen, um herauszufinden, ob Ihre Teilnehmer*innen das Lernarrangement sinnvoll, nützlich, interessant und auch motivierend gefunden haben. Sie haben für die Erstellung enorm viel Energie aufgewendet, und deshalb ist die abschließende Bewertung der Qualität ein zentrales Element.

Beispiele von Lernarrangements

Tag:	1	2	3	4	5	6	7	8	9	10
Synchrone Trainingsbausteine	**Webinar:** (60 Min.) Ablauf, Organisatorisches, erster Input, Gruppe findet sich Warum brauchen wir dieses Thema?				**Live-Online-Training** (3 Stunden) Input und interaktive Übungssequenz, z.B. Fragetechnik üben					
Asynchrone Trainingsbausteine		**E-Learning** (20 Min.), **Learning Nuggets** (z.B. kurze Videos, E-Book etc.; gesamt 30 Min.); die wichtigsten Anwendungs-bereiche (Wo brauche ich das?), LO-Haltung erklärt, Techniken erklärt, Übungen dazu, Fokus auf dem Business der TN				**Die 10 besten Tipps** in kleinen Einheiten freischalten, z.B. jeden Tag einen Tipp, und auch kleine Umsetzungsaufgaben zur Selbstüberprüfung				
Coaching					**Coaching** zu eigenen Fällen (Einzelsession zu je 20 Min.)				**Call a Coach** 20 Min. pro TN (ab Tag 9 eventuell länger) (optional)	
Begleitung „On demand"	**Webinar Aufzeichnung,** kann jederzeit wieder angesehen werden	**Expert Channel**: Begleitung durch TR im Forum für allfällige Fragen Alle Fallbeispiele zum Nachschlagen bzw. die Videos und die Transkripte der Videos auch zum Nachlesen								

Abbildung 6: Musterablauf eines Lernarrangements zum Thema „Kommunikation", das früher als eintägiges Präsenzseminar abgehalten wurde

Tag:	1	2	3	4	5	6	7	8	9	10	11	12	13	14	15	16	17
Synchrone Trainingsbausteine	**Webinar:** (60 Min.) Ablauf, Organisatorisches, erster Input, Gruppe findet sich Warum brauchen wir dieses Thema?						**Präsenzseminar** (7 Stunden): Input und interaktive Übungssequenzen, z.B. Fragetechnik üben, Gesprächsablauf üben etc.							**Live-Online-Training** (3 Std.) Reflexionssequenz: Was konnte ich bisher umsetzen? Stärken und Lernfelder, Übungssequenzen			
Asynchrone Trainingsbausteine		**E-Learning, Learning Nuggets** (z.B. kurze Videos, E-Book etc.; gesamt 60 Min.); die wichtigsten Anwendungsbereiche (Wo brauche ich das?), LO-Haltung erklärt, Techniken erklärt, Übungen dazu, Fokus auf dem Business der TN						**Die 7 besten Tipps zur Lösungsorientierung** in kleinen Einheiten freischalten, z.B. jeden Tag einen Tipp und eine konkrete Umsetzungsaufgabe (bis zu Tag 14)									
Coaching												**Coaching** zu eigenen kniffligen Fällen (Einzelsession zu je 30 Min.)			**Call a Coach** 20 Min. (ab Tag 9 eventuell länger) pro TN (optional		
Begleitung „On demand“	**Webinar-Aufzeichnung,** kann jederzeit wieder angesehen werden						**Expert Channel**: Begleitung durch TR im Forum für allfällige Fragen Videos und die Transkripte der Videos zum Nachlesen										

Abbildung 7: Musterablauf eines Lernarrangements zum Thema „Kommunikation“, das früher als zweitägiges Präsenzseminar abgehalten wurde

Drop-out-Quote

Die größte Herausforderung im Bereich der neuen Lernformen stellen die notwendige hohe Selbstorganisation und Motivation der Lernenden dar, vor allem bei den asynchronen Online-Formen. Ein motivierter Lernender ist nun einmal eine unerlässliche Voraussetzung für erfolgreiches und nachhaltiges Lernen. Nach Chyung, Winiecki und Fenner (1998) oder auch Papia Bawa (2016) liegt die ermittelte Abbruchquote bei rein netzbasierten asynchronen Ausbildungen mit ca. 30 % bis mehr als 50 % etwa doppelt so hoch wie bei einer Face-to-Face-Ausbildung. Der Hauptgrund dafür dürften mit hoher Wahrscheinlichkeit die im Bereich Online-Lernen völlig fehlenden sozialen Beziehungen sein. Aus der Forschung wissen wir, dass erst durch den Aufbau sozialer und emotionaler Bindungen stabile soziale Gefüge entstehen, die in Lernkontexten als Learning Communities bezeichnet werden (vgl. Reimann & Zumbach 2001). Ohne den Aufbau sozialer Bindung scheitern Einzelne oder es scheitert die Gruppe als Ganzes.

Wie wichtig positive Beziehungen sind, wissen Sie sicher aus eigenen Lernerfahrungen. Wenn in der Seminargruppe gemeinsam gescherzt und gelacht wird und ein insgesamt offenes und vertrauensvolles Klima herrscht, fällt es uns allen sofort leichter, neue Lernstoffe aufzunehmen. Wir trauen uns, unsere Komfortzone zu verlassen und etwas Neues auszuprobieren. Im Falle eines Durchhängers oder einer längeren Demotivationsphase werden wir von anderen Gruppenmitgliedern im Durchhalten bestärkt und erlangen so wieder neue Motivation und Energie.

Diese gemeinsamen Erfahrungen werden bisher im virtuellen Raum oft vernachlässigt, und die Lernenden sind phasenweise völlig auf sich selbst gestellt. Umso wichtiger ist es, dass Sie als Trainer*in und Lernverantwortliche*r dazu beitragen, innerhalb der Gruppe der online Lernenden ein Wir-Gefühl zu schaffen.

Wir-Gefühl

Wir Menschen sind soziale Wesen, unser individuelles Denken und Verhalten ist stark durch Gruppenzugehörigkeit geprägt. Diese Tatsache wird sich auch durch die fortschreitende Digitalisierung nicht ändern. Deshalb ist mir die Humanisierung von Lernwelten ein besonders großes Anliegen! Neben allen inhaltlichen und methodischen Fundamenten müssen wir auch soziale Grundlagen für optimales Lernen schaffen. Und genau deshalb müssen wir Sorge dafür tragen, dass sich unsere Lernenden in dem virtuellen Lernraum, in dem sie sich bewegen, wohlfühlen, sich trotz aller physischen Distanz den anderen Teilnehmenden und den Trainer*innen nahe fühlen und nicht das fatale Gefühl entwickeln, im Lernprozess alleinegelassen zu sein.

Erst durch soziale Beziehungen zu anderen entsteht echtes Commitment und in der Folge auch eine Verbundenheit mit den gesetzten Zielen. Ein hoher Grad an Commitment führt unter anderem zu einem höheren persönlichen Einsatz und auch zu einer vertieften Unterstützung der anderen. Durch dieses angenehme Gefühl des Aufgehoben-Seins werden Lernende motiviert, Neues auszuprobieren und ihre bisherigen Verhaltensweisen zu ändern. John Hattie konnte in seiner Metastudie (2009) auf Basis von 50.000 Studien zeigen, dass Zuwendung, Empathie, Ermutigung, Respekt, Engagement und Leistungserwartung sowie das soziale Miteinander eine zentrale Rolle in Lernprozessen spielen. Eine sehr wahrscheinliche Ursache für die vorher beschriebenen Drop-out-Phänomene ist deshalb ein niedriges Commitment.

Die Förderung einer positiven Lernatmosphäre und einer Gruppenidentität gelingt in einer Seminarraumsituation leichter als in einer anonymen Online-Sitzung. Hier punktet der Blended-Learning-Ansatz auf ganz spezielle positive Weise, denn wir können die Bildung einer sozialen Gemeinschaft durch die Kombination von Präsenz- und Online-Lernphasen perfekt unterstützen.

Mit diesen einfachen Ideen können Sie das Wir-Gefühl im Online-Raum stärken

- Durch das Personalisieren mithilfe von Fotos und kurzen Beschreibungen der Personen bauen Online-Gruppen schneller ein Wir-Gefühl auf. Investieren Sie auch bei Live-Online-Seminaren in eine Kennenlernphase, zum Beispiel mit Aufwärmspielen und Vorstellungsrunden. Mehr dazu erfahren Sie im Anhang (Seite 142 ff.).
- Virtuelle Kleingruppenarbeiten helfen, andere Gruppenmitglieder näher kennenzulernen und auf diese Weise Gemeinsamkeiten festzustellen. Das wiederum ist für den Aufbau eines günstigen Teamklimas notwendig. Kleingruppenarbeiten können Sie auch in Live-Online-Seminaren abbilden, sofern das entsprechende Webinartool eine Möglichkeit für Break-out-Räume enthält. Bei der Auswahl eines Tools ist diese Funktion für mich ein absolutes Must-Have!
- Die Ergebnisse aus der Kleingruppenarbeit sollten immer als gemeinsames Produkt der Gruppe erkennbar sein. In Präsenzseminaren geschieht dies mittels Pinnwänden oder anderen passenden Präsentationsinstrumenten. Für Online-Gruppen können Sie spezielle Tools im Internet nutzen, die zumeist frei verfügbar sind, z. B. die digitalen Pinnwände Oncoo oder Padlet.
- Bauen Sie immer auch Socialising-Möglichkeiten ein. Synchrone Tools, wie Chats oder Audio- und Videokonferenzen, unterstützen Sie dabei. Aber auch die Begleitung in Form von Online-Foren kann hier eine wichtige Funktion haben.
- Lernpartnerschaften sind während eines jeden Kurses oder Lernprojekts, aber auch in der Transferphase von höchster Bedeutung für das Gefühl des Zusammenhalts und der Motivation. Sie funktionieren auch im Online-Raum ausgezeichnet. Trainer*innen sollten dabei auf klare Arbeitsaufträge achten und entsprechende Zeitressourcen reservieren, z. B. für das Zusammenfinden von Lerntandems und gemeinsame Terminabstimmungen der Teams im Online-Training.

Es ist von höchster Bedeutung, alle Ihre Online-Lernumgebungen so zu gestalten, dass aktive Partizipation, Kollaboration, Austausch und Diskurs jederzeit locker und leicht möglich sind. Dabei kann der Gamification-Ansatz als idealer Ideengeber fungieren.

Gamification-Ansatz

Unter dem Begriff Gamification-Ansatz versteht man die Einbettung von Spielelementen und -Prinzipien wie Status, Level, Bonus in unterschiedlichste, nicht spielerische Bereiche. Im Zusammenhang mit der Aus- und Weiterbildung geht es idealerweise immer auch um einen spielerischen Zugang zu den angebotenen Inhalten. Der Gamification-Ansatz hat die wichtige Aufgabe, Lernen lustvoller zu gestalten und die Motivation der Lernenden bleibend zu erhalten und zu erhöhen.

Die Grundannahme dabei ist, dass ein gewisser Spieltrieb in der Natur des Menschen liegt – und das gilt definitiv nicht nur für Kinder und Jugendliche! Sie kennen diesen Ansatz vermutlich aus dem Bereich der Werbung und Kundenbindung: Sie kleben Treuepunkte o. Ä. in einen Pass ein und erhalten nach Erreichen einer bestimmten Anzahl ein Geschenk oder eine Reduktion. Dieser tief in uns allen verankerte Spieltrieb muss einfach nur gefördert und zugelassen werden. Probieren Sie es aus!

Folgende spielerische Elemente werden beim Online-Lernen und -Lehren häufig eingesetzt (Zichermann & Cunningham 2011):

- Punktesysteme: Für die erfolgreiche Bewältigung von Aufgaben, z. B. das Absolvieren eines Tests, das Erreichen eines Ziels binnen einer bestimmten Frist etc., werden Punkte vergeben.
- Level zeigen die Weiterentwicklung einer Person an und sind eine Belohnung, die durch das Erreichen einer bestimmten Punkteanzahl vergeben wird.
- Ranglisten (Leaderboards) ergeben sich durch ein Punktesystem oder erreichte Ziele bzw. Level. Die Lernenden können sich so untereinander vergleichen und ihren gegenseitigen Fortschritt checken.
- Aufgaben (Challenges / Quests) sind klar definiert und müssen meist innerhalb einer vorgegebenen Zeit alleine oder in der Gruppe gelöst werden.
- Fortschrittsbalken indizieren sowohl den Grad des bereits Erreichten als auch die noch offenen Ziele einer Aufgabe.
- Abzeichen: Für erledigte Aufgaben werden im Online-Bereich Belohnungen wie Badges vergeben.

Der Gamification-Ansatz basiert einerseits auf internen Motivatoren – Herausforderung, Neugier, Kontrolle und Fantasie –, andererseits auf den externen Motivatoren wie Kooperation, Wettkampf und Anerkennung.

Gamification sollten Sie übrigens unbedingt auch im Transfer immer sofort mitdenken – z. B. durch Team-Challenges – und die Ergebnisse danach veröffentlichen oder gar einen Award für ausgezeichnete Umsetzungserfolge vergeben. Hier sind Ihrer Kreativität keine Grenzen gesetzt. Berücksichtigen Sie jedoch immer die spezifischen Lernziele der jeweiligen Zielgruppe!

Persönliche Betrachtung

Sie sind nun hoffentlich hoch motiviert durch diese Erkenntnisse und brennen darauf, all das in die Praxis umzusetzen. Ich will Ihren Elan nicht dämpfen, aber aus meiner Erfahrung heraus gibt es beim Erstellen moderner Lerndesigns zwei Fallstricke, auf die Sie unbedingt achten sollten, um Frustrationen bei allen Beteiligten vorzubeugen.

Fallstrick 1: Der Glaube, Interaktion passiere im virtuellen Raum von selbst

Leider reicht es nicht, ein Forum oder einen Chat einzurichten und davon auszugehen, dass diese nun von den Teilnehmenden rege genutzt werden. Hier müssen die Bildungsverantwortlichen und Trainer*innen aktiv steuern und selbst präsent sein. In unseren Kursen achten wir darauf, dass wir als Trainer*innen vor allem zu Beginn sichtbar sind und mit eigenen Posts die Kommunikation ankurbeln. Das können Fragen sein, eigene Erfahrungsberichte oder das Einbringen aktueller Links. Wir wollen so das Signal geben: „Hier tut sich etwas. Es lohnt sich, aktiv zu sein!"

Wenn über die Lernplattformen angezeigt werden kann, wer gerade online ist (das kennen wir von manchen Social-Media-Plattformen), erleichtert das den Teilnehmenden die Kontaktaufnahme untereinander.

Ich fordere als Aufgabe ein, dass die Teilnehmer*innen im Forum etwas zu ihren Erwartungen und eigenen Lernerfahrungen posten oder dass jede*r zu mindestens zwei oder drei Einträgen der Kolleg*innen ein Statement abgibt. So locke ich die Lernenden zumindest einige Male sicher ins Forum. Den Rest erledigt das positive Gefühl, dass jemand ihre Einträge wahrnimmt und kommentiert. Spätestens nach dieser ersten geplanten Intervention laufen die Einträge in den Foren und Chats wie von selbst. Das funktioniert so gut, dass wir oft mit dem Beantworten der regen Interaktionen und Fragen kaum nachkommen. Einerseits freut uns das sehr, wir haben andererseits aber auch einen erhöhten zeitlichen Aufwand. Denken Sie daran, diese Zeiten einzukalkulieren, wenn Sie Ihre eigenen Konzepte aufsetzen!

Fallstrick 2: Unterschätzung des Wir-Gefühls

Derzeit fokussieren sich viele sehr stark auf den technischen Aspekt des Online-Lernens und vergessen dabei manches Mal den Menschen dahinter. Deshalb möchte ich nochmals unterstreichen, dass wir, wenn wir wirkungsvolle Lernangebote konzipieren wollen, die Lernenden mit ihren Bedürfnissen keinesfalls aus den Augen verlieren dürfen. Ein wichtiger

Aspekt ist hier der persönliche Auftritt als Trainerpersönlichkeit. Wie präsent bin ich als Trainer*in auch in asynchronen Phasen? Wie ist meine Kommunikation im Online-Raum? Und es kommt vor allem auch auf das Seminardesign an: Lässt es Interaktion und Kollaboration zu?

Durch die Corona-Krise waren wir gezwungen, alle unsere Lehrgänge ausschließlich online durchzuführen. In dieser Zeit erhielten wir häufig als Feedback, wie positiv unsere persönliche Betreuung im Rahmen des Forums empfunden wurde. Diese Rückmeldungen bestätigen mich abermals in meiner Forderung nach mehr Menschlichkeit im Online-Raum.

KURZ UND KNAPP:

- Ein strukturierter Online-Entwicklungsprozess ist der Schlüssel zum Erfolg!
- Denken Sie ab jetzt Ihre Konzepte völlig neu und nutzen Sie die Vielzahl der vorhandenen Möglichkeiten.
- Vergessen Sie niemals: Es geht immer um eine zielführende Mischung, die gut zur Zielgruppe und zu den vorhandenen Rahmenbedingungen passt.
- Es braucht mehr denn je didaktische Kompetenz.
- Achten Sie bei der Planung aller Maßnahmen auf gehirngerechte Portionen (Nuggets).
- Lassen Sie Ihre Lernenden nicht alleine im Online-Raum stehen, sondern geben Sie ihnen Orientierung.
- Vergessen Sie den Menschen nicht!

Nachdem wir uns nun eingehend mit der Blickrichtung der im Bereich E-Learning neu erforderlichen Lernarchitekturen auseinandergesetzt haben, geht es im nächsten Kapitel um den ebenso wichtigen Wandel der Arbeitsumfelder, in denen wir uns zukünftig agil und flexibel bewegen müssen, und um eine völlige Neuausrichtung unserer bisherigen Rollen als Trainer*in.

3. | Blickrichtung Trainerrolle

Kapitelübersicht:

3.1 Arbeitsumfeld im Wandel – Verlagerung der Wirkungsstätten

3.2 Trainerrolle in der Veränderung: Der Alleinunterhalter darf gehen

3.3 Neue Kompetenzen – neues Trainieren

3.4 Rollenwechsel: Flexible Lernbegleitung ist gefragt

3.5 Vom Präsenztrainer zum Online-Trainer

3.1 Arbeitsumfeld im Wandel – Verlagerung der Wirkungsstätten

Für Sie als Trainer*in war bisher der Seminarraum der Ort, an dem Sie gewirkt haben. Mit der Digitalisierung, wenn Sie im Rahmen von E-Learnings mit Webinaren, Online-Seminaren, Videos etc. arbeiten, benötigen Sie jedoch nicht nur andere Betriebsmittel, sondern Sie haben auch eine andere Betriebsstätte. Den Seminarraum, wie Sie ihn bisher kannten, gibt es nicht mehr.

Es sind auch nicht mehr die Augen der Teilnehmenden, in die Sie direkt blicken und so persönlich Kontakt aufnehmen können, sondern Sie schauen in die Linse einer Kamera. Diese Veränderung wird für viele Trainer*innen eine sehr massive und vor allem auch gewöhnungsbedürftige sein. Schließlich haben sich die meisten von uns für diesen Beruf entschieden, weil wir leidenschaftlich gerne direkt mit Menschen arbeiten. Und Menschen in all ihrer Vielfalt zu mögen ist in der Präsenzarbeit tatsächlich eine sehr gute Basis für all unsere Trainingsaktivitäten.

Fähigkeiten im Umgang mit Menschen sind natürlich weiterhin gefordert. In Zukunft braucht es aber zusätzlich die Bereitschaft und auch das Interesse, professionell und vor allem zielorientiert mit den mit E-Learning einhergehenden technischen Herausforderungen umzugehen. Das WAS unseres Berufs, unser aller Berufung – neues Lernen zu ermöglichen – bleibt gleich. Grundlegend zu verändern hat sich jedoch das WIE. Die Kommunikation mit den Lernenden wird immer weniger unmittelbar, und wir müssen uns im Vorfeld entscheiden, welche der verschiedenen technischen Wege wir zum Einsatz bringen. Nehmen wir als Beispiel ein Lernvideo: Es wird produziert, damit Menschen etwas lernen. Während der Produktion muss es aber ohne die persönliche Präsenz dieser Menschen auskommen. Es entsteht im Studio, allein, ohne die Lernenden.

Die Vermittlung von Wissen durch E-Learning-Maßnahmen bringt für die Trainer*in der digitalisierten Zukunft weitere Herausforderungen mit sich. Im klassischen Seminarraum kann man neben sprachlichen und rhetorischen Mitteln auch seine individuelle und meist dynamische Körpersprache einsetzen und profitiert von der daraus resultierenden Wirkung. Diese wichtigen Attribute stehen beim E-Learning nicht mehr im selben Ausmaß zur Verfügung. Gleiches gilt für die bisher verwendeten Trainingsmedien wie Flipchart, Beamer oder sonstige Visuals sowie für Beispiele, die gezeigt werden. Im neuen digitalen Arbeitsumfeld braucht es ganz andere Herangehensweisen. Im virtuellen Raum oder bei der Begleitung in einem Forum spielen der verschriftlichte sprachliche Ausdruck sowie eine eingängige und mitreißende Visualisierung aller Inhalte eine entscheidende Rolle. Auch im Präsenztraining muss der souveräne und professionelle Einsatz der verfügbaren Medien erst durch langjährige Erfahrung gelernt werden, und ebenso müssen Trainer*innen sich nun in der ungewohnten virtuellen Umgebung zurechtfinden und eine völlig neue Virtuosität entwickeln.

Eine der zu entdeckenden Wirkstätten ist das eigene Video- und Webinarstudio, das alle selbstständigen Trainer*innen in Zukunft andenken sollten und das so manche Unternehmen für ihre firmeninternen Trainer*innen bereits eingerichtet haben. Unter einem Video- und Webinarstudio verstehe ich eine passende räumliche wie auch technisch entsprechend ausgestattete Umgebung. Sie benötigen einen Raum, der frei von Nebengeräuschen ist und in dem Sie nicht durch Dritte gestört werden. Neben einer hochwertigen Kamera und exzellenten Audioeinrichtungen braucht es außerdem eine professionelle Beleuchtung und einen passenden Hintergrund. In Kapitel 5 („Blickrichtung Technik“) werden wir uns noch intensiver mit den technischen Anforderungen beschäftigen.

Für selbstständige Trainer*innen stellt sich in diesem Zusammenhang die Frage: Wollen Sie selbst in den Ausbau einer den Anforderungen entsprechenden Umgebung investieren? Oder wollen Sie sich mit gleichgesinnten Kolleg*innen zusammentun, um diese Dinge gemeinsam anzuschaffen und zu nutzen? Es zeichnet sich schließlich mehr und mehr ab, dass das Trainingsallroundtalent mehr oder weniger ausgedient hat, dass die One-Man- bzw. One-Woman-Show in Zukunft nicht mehr möglich sein wird. Die vielen unterschiedlichen Lern- und Lehrformen und die damit einhergehenden nötigen Fertigkeiten und Ressourcen sind in einer Person nicht mehr zu vereinen. In Zukunft sind Expertenteams gefragt! Dies berücksichtigend werden sich Trainer*innen nicht nur mit Kolleg*innen bei der Nutzung neuer Betriebsstätten zusammenschließen, sondern verstärkt auch andere Professionen wie Medienspezialist*innen, Autor*innen, Sprecher*innen, Programmierer*innen etc. mit ins Team nehmen.

Persönliche Betrachtung

Ich arbeite in meinen offenen Trainer- und Coaching-Ausbildungen seit 2014 mit einem Blended-Learning-Konzept, bei dem zwischen den Präsenzmodulen auch Lehrvideos zur Anwendung kommen. In meinem Team gibt es einen Spezialisten für alle technischen Belange (von EDV über Videoproduktion bis zur Postproduction). In den Anfangszeiten bauten wir mit ihm unser Videosetting für die Produktion der Lehrvideos bei Bedarf in unserem Seminarraum auf. Das ist ein schöner großer, heller Raum im zweiten Stock eines Wiener Altbaus. Einer der Gründe, warum ich mich für diese Räumlichkeiten als Sitz meiner Firma entschieden hatte, war die hervorragende Anbindung an öffentliche Verkehrsmittel, eine U-Bahnstation in drei Minuten Entfernung, eine Straßenbahnlinie direkt vor dem Haus.

Bei unseren Videoaufnahmen erwies sich dieser Standortvorteil jedoch leider als klarer Nachteil. Bis zur Produktion der ersten Videos hatten wir nicht wahrgenommen, wie stark der Fußboden vibriert, wenn eine Straßenbahn vorüberfährt. Unsere Videos wiesen deshalb immer wieder verwackelte Stellen auf. Wir mussten einsehen, dass wir den Seminarraum nicht mehr nutzen konnten, wenn wir qualitativ einwandfreie Videos produzieren wollten. Durch einen glücklichen Zufall konnten wir jedoch im selben Haus das Hofgebäude (mit Hofruhelage!) anmieten. Dadurch hatte ich auch mehr Platz gewonnen und begann damals, mein Team um weitere Kompetenzen (wie einen Experten zur „Pflege" der Lernplattform und als Unterstützung für das Durchführen von Live-Online-Seminaren in den unterschiedlichsten Webinar-Plattformen) zu erweitern und meine Betriebsstätte Schritt für Schritt zu verändern.

Was Sie außerdem noch beachten sollten: Durch diese neuen Wirkstätten und die so unterschiedlichen Möglichkeiten, Lernen zu gestalten, ändert sich außerdem das komplette Geschäftsmodell und damit verbunden die Verrechnung in der Branche. Trainer*innen arbeiten mit den neuen Modellen nicht mehr nur tageweise, sondern auch stundenweise. So kann es sein, dass ein Trainer zwei bis drei 90-minütige Live-Online-Seminare pro Tag hat und dazwischen noch die Betreuung eines Forums übernimmt. Die Aufgaben werden kleinteiliger und erfordern daher eine effiziente Planung. Das hat massive Auswirkungen auf selbstständige Trainer*innen und betrifft auch die Einkäufer*innen von digitalen Angeboten.

Preisgestaltung

Die bisher gewohnte und praktizierte Preisgestaltung kann beim E-Learning nicht mehr zur Anwendung kommen. Die Preisgestaltung der klassischen Präsenzseminare war aus Sicht aller Beteiligten recht einfach, weil seit Jahrzehnten Usus: Verrechnet wurden in der Regel jene Tage, die der Trainer oder die Trainerin real mit den Teilnehmer*innen im Seminarraum verbrachte – nach einem vorab vereinbarten Tagessatz. Bei speziell für den Auftraggeber maßgeschneiderten Seminaren und Trainingsmaßnahmen wurde zudem nicht selten im Vorfeld eine Pauschale für die Vor- bzw. Nachbereitung vereinbart oder es wurde ein halber oder ganzer Tagessatz für die Konzeption zusätzlich vergütet.

Für die neuen digitalen Lernformate passen solche Preisgestaltungsmodelle meist nicht, denn nun stellen sich Fragen wie:

- Wie kalkuliert man ein 90-minütiges Online-Seminar?
- Wie viel ist ein Lernvideo wert?
- Mit welchem Betrag kann man eine Online-Begleitung in den Foren ansetzen?

- Soll bei Webinaren eine teilnehmerzahlabhängige Preisstaffelung angewandt werden, weil bei diesen schließlich 50, 100 oder gar mehr Zuhörer*innen teilnehmen können?
- Dürfen Webinare aufgezeichnet und in einem anderen Kontext weiterverwendet werden und wenn ja, unter welchen Bedingungen?

Die Vereinigung der Businesstrainer Österreich (VBT), dessen Vorstand ich angehöre, und der deutsche Berufsverband für Training, Beratung und Coaching (BDVT) empfehlen, als Richtwert ein Drittel des klassischen bzw. gewohnten Präsenzseminar-Tagessatzes für ein 90-minütiges Live-Online-Training zu berechnen. Vorbereitungsarbeiten wie das Sich-vertraut-Machen mit den firmeninternen technischen Systemen zur Durchführung des Online-Seminars bzw. -Trainings werden von externen Trainer*innen zusätzlich verrechnet.

Für Webinare empfehlen wir einen von der Teilnehmer*innenzahl abhängigen gestaffelten Preis. Speziell dieses Format wird von den Auftraggeber*innen oft aufgezeichnet und zur Wieder- bzw. Weiterverwendung in die „E-Learning-Bibliothek" des Unternehmens gestellt. Deshalb empfehlen wir Trainer*innen, die AGBs und die Angebote für Online-Formate stets mit folgendem Hinweis zu versehen: „Audio- und Videomitschnitte sind nur mit schriftlicher Erlaubnis des Anbieters gestattet." Bei Webinaren kann danach der Hinweis erfolgen: „Gerne erteilen wir auf Anfrage eine entsprechende Freigabe." Hier gilt es dann zu entscheiden, ob die Aufnahme und Weiterverwendung extra kosten. Wenn der Kunde über eine Aufnahme des Webinars verfügt, kann er das Video allen seinen Mitarbeiter*innen – im Extremfall konzern- und weltweit – auf der Lernplattform zeitlich unbegrenzt zur Verfügung stellen. Das heißt für Trainer*innen: Einen entsprechenden Folgeauftrag werden sie bei dem Kunden vermutlich nicht mehr erhalten. Dies gilt jedoch primär für Webinare, in denen der Trainer sein Expertenwissen weitergibt und bei denen davon auszugehen ist, dass die Mitschnitte längerfristig bzw. in einem größeren Umfang genutzt werden.

Ein weiteres neues Angebot von Online-Trainer*innen können entweder vorgefertigte oder speziell für einen Auftraggeber angefertigte WBTs oder Lernvideos sein. Diese werden üblicherweise pro Minute abgerechnet. Hier variieren die Preise sehr stark nach:

- Art des Videos (zum Beispiel animiert oder nicht),
- Qualität des Videos (Studio versus Smartphone),
- Postproduktion (Sprecher*in, Schnitt, Musik etc.) und
- Nutzungsrechten.

Für professionell erstellte E-Learnings gilt als Richtwert circa 1.000 Euro pro Minute. Dieser Wert gilt selbstverständlich nur für Videos, die unter methodisch-didaktischen Gesichtspunkten gezielt aufgebaut und gestaltet sind, sowie für Videos, die professionell bearbeitet wurden; für Videos also, deren Erstellung eine entsprechende Investition an Zeit und/oder Geld erforderte.

Über diesen QR-Code können Sie die Honorarrichtlinie von VBT und BDVT herunterladen.

3.2 Trainerrolle in der Veränderung: Der Alleinunterhalter darf gehen

Wie Sie sehen konnten, befindet sich die Rolle als Trainerin oder Trainer in einem massiven Veränderungsprozess. Die Lernenden werden primär selbst aktiv. Die Trainer*innen bleiben eher im Hintergrund und helfen dann, wenn es notwendig ist.

Bisher waren Trainer*innen die Hauptdarsteller, quasi die Stars im Seminar. Im klassischen Setting sind sie die Expert*innen – für die Inhalte und die Bedürfnisse der Lernenden. In der Regel sind sie es, die Themen, Übungen, Beispiele, aber auch Pausen initiieren. Beim neuen digitalen Lernen drehen sich diese Rollen diametral um. Jetzt stehen die Lernenden im Rampenlicht und die Trainer*innen bleiben im Hintergrund. Sie bereiten die Lernumgebung vor und erleichtern durch ein didaktisches Konzept (z. B. Blended Learning) den selbstgesteuerten Wissenserwerb.

In diesem Kontext haben Trainer*innen im Vorfeld des Online-Trainings verstärkt eine lernberatende Rolle inne, und während des Seminars die einer Lernprozessbegleitung. Zu ihren Aufgaben gehören u. a. die Konzeption der Angebote und die Beratung bei der Auswahl der Werkzeuge, Methoden und Inhalte; außerdem die Betreuung der Lernenden über ein Forum oder Live-Online-Begleitungen.

In der neuen Rolle unterstützen die Trainer*innen die Lernenden beim selbstgesteuerten Lernen (Aufgabenlösen), indem sie ihnen helfen, den Prozess weiterzuführen. Sie stehen als Expert*innen in Foren oder in Live-Online-Formaten zur Verfügung und demonstrieren bei Fragen zum Beispiel exemplarisch eine prototypische Aufgabe/Lösung, erklären dabei genau ihr Vorgehen und beschreiben die relevanten Schritte. Oder sie leiten eine Selbstreflexion bei den Lernenden ein. Diesen wird so ermöglicht, in weiterer Folge das eigene Verhalten selbstständig zu korrigieren.

Persönliche Betrachtung

Ich kann mir gut vorstellen, dass in der Zukunft der Begriff „Trainer" völlig verschwinden und durch die Bezeichnung **L&D-Experte** (Learning & Development) ersetzt wird. Dieser Begriff gefällt mir persönlich ausgezeichnet, ich finde ihn sehr treffend, da er die beiden Aspekte, um die es im Training vorrangig geht, „Lernen" und „Entwicklung", in den Fokus rückt.

Eines sollte uns allen in diesem Zusammenhang klar sein: Der Trainer als Alleinunterhalter – die charismatische Persönlichkeit, die als Hauptperson auf der Bühne des Seminarraums die volle Aufmerksamkeit erhält – wird künftig auf jeden Fall in den Hintergrund treten. Die Begleitung und Steuerung von Lern- und Entwicklungsprozessen stehen von nun an im Vordergrund. Um dieser neuen Rolle gerecht zu werden, müssen wir alle, die wir in diesem

Beruf unsere Berufung gefunden haben und dies in Zukunft weiterhin so halten wollen, uns vollkommen neu aufstellen und justieren. Und das gefällt so manchen Protagonisten in der Weiterbildungsbranche gar nicht. Blickt man jedoch in der Geschichte zurück, findet man immer wieder massive Veränderungen in Berufen durch Modernisierung. Die Reaktionen der klösterlichen Schreibstuben auf die Einführung des Buchdrucks kann man sich wohl ähnlich ablehnend vorstellen.

3.3 Neue Kompetenzen – neues Trainieren

Die massiven Veränderungen konfrontieren Trainer*innen mit vielen technischen, methodisch-didaktischen, aber auch (selbst-)organisatorischen Fragen und Problemen, deren Bewältigung zahlreiche und völlig neue Skills erfordert.

In den letzten Jahren habe ich in vielen Firmen dasselbe Szenario erlebt. Die Führung entscheidet, dass die Wissens- und Kompetenzvermittlung künftig mit Online-Learning-Konzepten erfolgen soll. Dazu implementieren die Unternehmen ein Lernmanagementsystem (LMS) und beschließen als Erstes zumeist, Themen wie „Onboarding neuer Mitarbeiter*innen" oder „Grundausbildung neuer Mitarbeiter*innen" umzuorganisieren. Diese Ausbildungen werden größtenteils von firmeninternen Trainer*innen geleitet, die als langjährige Mitarbeiter*innen der Firma über hohes Fachwissen verfügen und dieses ca. drei- bis viermal pro Jahr an neue Mitarbeiter*innen weitergeben – bislang ausschließlich in Präsenzveranstaltungen. Vor allem Unternehmen, die mit firmeninternen Trainer*innen arbeiten, unterschätzen häufig, wie viele neue Kompetenzen die Trainer*innen brauchen, um auch künftig ihre Aufgabe professionell wahrnehmen zu können.

In meinen Ausbildungen zum Online-Trainer lernen wir immer wieder Trainer*innen kennen, die verunsichert, frustriert oder auch überfordert sind, denn sie wissen, dass sich ihre Trainingstätigkeit in Zukunft stark verändern wird. Sie sind sich der Tatsache bewusst, dass sie die Lernenden nicht mehr persönlich im Seminarraum treffen, sondern hauptsächlich mit ihnen mittels PC und Kamera kommunizieren werden. Was sie jedoch noch nicht wissen, ist, wie Sie diese neuen Rollen effizient und erfolgswirksam gestalten können. Und genau diese Unsicherheit wirft viele Fragen auf.

Was bedeutet das nun für Ihre Trainertätigkeit konkret? Und was sind die wichtigsten Trainer-Kompetenzen der Zukunft?

Technische Kompetenz / Methodenkompetenz

Trainer*innen brauchen Wissen und Erfahrung mit verschiedenen Lernplattformen, Web-Kommunikations-Tools (Chats, Foren, Blogs …) und spezieller Software wie z. B. für Videoaufnahme und Videoschnitt. Sie sollten eine differenzierte Meinung dazu haben, welche Varianten und Angebote sie aus welchen Gründen empfehlen und welche Funktionalitäten ihnen dabei wichtig sind. Neben der Frage, welche Funktionen die Webinar-Plattform (Whiteboard-Funktion, Chat, Umfragetool, Bildschirm-Teilen usw.) hat und welche Gestaltungsmöglichkeiten sie bietet, müssen auch immer didaktische Entscheidungen getroffen werden. Zum Beispiel: Soll der

Chat während des Webinars aktiviert sein? Lenken die Videobilder der Teilnehmenden vom Inhalt ab? Soll der Wissensstand der Teilnehmer*innen besser mit dem integrierten Umfragetool oder mit einem externen Umfragetool wie z. B. Mentimeter erhoben werden?

Auch mit der rein technischen Kenntnis von Videoaufnahme und Videoschnitt ist es noch nicht getan. Trainer*innen müssen sich für künftige Videos zum Beispiel ein passendes Setting überlegen. Der unaufgeräumte Schreibtisch oder das Flipchart mit vertraulichen Prozessinformationen ist kein optimaler Hintergrund. Damit die Videos motivierend und informativ ausfallen, ist eine präzise Drehbucherstellung im Vorfeld unerlässlich. All dies sind Herausforderungen und Gegebenheiten, mit denen sich Trainer*innen bisher nur in Ausnahmefällen beschäftigt haben, die aber in Zukunft unabdingbar sein werden. Außer, man entscheidet sich dafür, eine fachkompetente Person mit ins Team zu holen.

Didaktische Kompetenz zum Erstellen von Lernarrangements

Diese Kompetenz war auch bisher wichtig, allerdings konnte man sich als Präsenztrainer*in durch Charisma und einen fesselnden Vortrag leichter darüber hinwegschwindeln. Das Erstellen von Lernarrangements der Zukunft erfordert ein viel umfangreicheres didaktisches Know-how. Als Trainer*in sollten Sie wissen, welche Lernmethode in Kombination mit welchem Medium für welche Lerninhalte und -ziele geeignet ist. Außerdem müssen Ihre Seminardesigns, und zwar auch die asynchronen Phasen, in hohem Maß das Interesse und die Beteiligung der Teilnehmenden wecken. Im Vergleich zu traditionellen Face-to-Face-Ausbildungen ist die Abbrecherquote bei Online-Ausbildungen noch immer sehr hoch. Hier ist die Planung einer intelligenten Lernarchitektur eindeutig der Schlüssel zum Erfolg. Die Trainer*innen müssen sich für ihre Seminarinhalte konkrete Lernziele überlegen und daraus zum Beispiel folgende Punkte ableiten:

- In welche sinnvollen Einheiten lässt sich das Training gliedern?
- Welche Inhalte können online im individuellen Selbststudium erarbeitet werden und welche Sequenzen brauchen den direkten Austausch der Teilnehmenden online oder präsent?
- Welche Live-Online-Dauer (90 Minuten, 180 Minuten oder mehr) ist am besten geeignet?

In Zukunft wird es notwendig sein, für jedes Lernmodul ein schriftliches Design anzufertigen und sich vorab auf die genaue Abfolge der Inhalte sowie auf ein bestimmtes methodisches Vorgehen festzulegen. Das widerspricht der bisherigen, in den meisten Fällen üblichen Arbeitsweise vieler erfahrener Präsenztrainer*innen, die sich oft situativ in der Interaktion mit der Seminargruppe für das weitere Vorgehen entschieden haben.

Lernzielkontrollen in unterschiedlichster Form werden zu einem fixen didaktischen Mittel, und das auch im persönlichkeitsbildenden Bereich. Sie dienen beim E-Learning unterschiedlichen Zwecken, wie:

- den Transfer zu intensivieren
- den eigenen Wissensstand in Bezug auf ein Thema abzubilden, zum Beispiel beim Einstieg in ein E-Learning
- den eigenen Lernfortschritt abzubilden
- als Lernkontrolle für übergeordnete Stellen
- als Bedingung, um das nächste Lernmodul absolvieren zu können
- um Wissenslücken zu identifizieren und Support anzubieten
- als formaler Abschluss und Bedingung für ein Zertifikat

Zu welchem Zweck sie auch immer didaktisch eingesetzt werden, muss die Form (Quiz, Multiple-Choice-Test, interaktives Spiel, Fallarbeit etc.) ausgewählt und es muss die Anleitung bzw. es müssen die Fragen dafür von den inhaltlichen Expert*innen (den Trainer*innen) erstellt werden. Dazu braucht es meist zusätzliches Know-how.

Die Thematik „Lernzielkontrollen von E-Learning Arrangements professionell erstellen" ist ein äußerst umfangreiches Feld. Wenn Sie dieses Thema interessiert, finden Sie im Anhang dazu eine Checkliste.

Gruppenprozesse in virtuellen Räumen steuern

Lernen war schon immer auch ein sozialer Vorgang. Heute interagieren Menschen jedoch vermehrt über soziale Netze. Soziales Lernen im virtuellen Raum sollte von Trainer*innen daher verstärkt genutzt und aktiv gesteuert werden. Dazu müssen sie einerseits über die Kenntnis der technischen Mittel verfügen, andererseits die Netiquette in virtuellen Räumen beachten. Wie auch in Face-to-Face-Settings sind Freundlichkeit, Höflichkeit und natürlich Professionalität Attribute, die wir voraussetzen sollten.

Wenn Sie als Trainer*in in einer virtuellen Situation das Gefühl haben, dass einige Teilnehmer*innen dieser Tatsache nicht Rechnung tragen, sprechen Sie es aktiv so rasch wie möglich an. Der virtuelle Raum benötigt generell striktere Moderationsvorgaben, damit Veranstaltungen nicht zu einem unübersichtlichen Chaos ausarten. Dazu zählen zum Beispiel Regeln, wie man sich zu Wort melden kann. Hier werden üblicherweise Handzeichen-Optionen des Webinartools oder der Chat genutzt.

Spontane Wortmeldungen über die Audiofunktion empfehle ich nur in sehr kleinen Runden zuzulassen.

TIPP!

Bitten Sie in der Live-Online-Arbeit die Teilnehmenden, sich nach jeder Pause kurz mit einem „Hallo" oder einer ähnlichen Aussage wieder zurückzumelden. Bei der Arbeit ohne Video fehlt Ihnen sonst der Überblick, ob alle wieder versammelt sind und Sie schon mit dem Programm weitermachen können. Wenn Sie das gleich zu Beginn als fixe Vorgabe einführen, werden Sie feststellen, wie schnell sich solche hilfreichen Regeln etablieren, die nicht nur Ihnen als Trainer*in, sondern auch den Teilnehmenden Orientierung geben.

Auch Abfragen, die man in der Präsenzveranstaltung einfach in die Seminarrunde stellt, zum Beispiel „Wer hat eine ähnliche Situation schon erlebt? Und wie war die Vorgehensweise?", muss man im virtuellen Raum anders durchführen. Hier empfiehlt es sich, die Teilnehmenden einzeln mit Namen anzusprechen und um ein Statement zu bitten.

Das aktive Steuern von Gruppenprozessen wirkt sich stark auf die Terminplanung von Trainer*innen aus. Wenn Sie Ihre neue Rolle als Lernbegleiter*in, zum Beispiel im Forum oder Chat, effizient, punktgenau und tatsächlich unterstützend wahrnehmen wollen, müssen Sie diese Zeiten fix in Ihrem Terminkalender reservieren. Teilnehmende brauchen zumeist rasch Antworten, innerhalb von einem oder maximal zwei Tagen. Diese Zeitspanne gilt es vorab mit ihnen zu besprechen und sich dann auch daran zu halten. Bei einer einzigen Veranstaltung ist das noch recht übersichtlich. Wenn Sie aber mehrere Online-Trainings gleichzeitig laufen haben (und das wird eher die Realität sein), brauchen Sie als Trainer ein sehr gutes Zeitmanagement.

Kommunikationskompetenz

Lernmaterialien (Lehrvideos, Apps, E-Books etc.) müssen auf der Basis lern- und gedächtnispsychologischer Grundlagen entwickelt werden, Gruppenanweisungen im Online-Raum müssen mit äußerster Klarheit formuliert sein. Dafür braucht es eine präzise und unmissverständliche schriftliche sowie mündliche Ausdrucksfähigkeit. Die Fähigkeit, Dinge auf den Punkt zu bringen und mit Visualisierungen zu arbeiten, ist gerade in diesem Bereich sehr wichtig. Bisher genügte als Seminarunterlage für die Teilnehmer ein Ausdruck der PowerPoint-Folien. Doch diese Infos allein sind für das Selbststudium nicht ausreichend. Also gilt es, zusätzliche schriftliche Unterlagen zu erstellen und diese ins Lernmanagementsystem hochzuladen. Um diese

Skripten ansprechend zu gestalten, müssen sich die Trainer*innen unter anderem überlegen, welche Länge und Gliederung für den Text optimal ist und wie sich der Inhalt durch Piktogramme und Grafiken visualisieren lässt.

Im Live-Online-Seminar werden zudem Sprache und Stimme zum entscheidenden Thema. Durch die starke Fokussierung, die virtuelles Lernen mit sich bringt, nimmt man sprachliche und stimmliche Eigenheiten viel stärker wahr. So kann klares, moduliertes Sprechen die Aufmerksamkeit der Teilnehmenden um einiges erhöhen. Kurze, präzise und deutlich gesprochene Inhalte sind leichter aufzunehmen und ermöglichen es den Zuhörern, länger konzentriert zu folgen.

Ein weiteres Thema, das für viele Trainer*innen neu ist, ist es, schriftliches Feedback zu geben. Das kann in einer asynchronen Phase zum Beispiel nach der schriftlichen Ausarbeitung einer Aufgabe ein Mittel der Wahl sein. Ist schon das mündliche Feedback für viele eine Herausforderung, wird diese Aufgabe in der schriftlichen Form noch komplexer. Als Trainer*in müssen Sie einerseits die Feedbackregeln beherzigen und sich andererseits so klar ausdrücken, dass die Teilnehmer*innen verstehen, was gemeint ist. Die schriftliche Ausarbeitung eines Feedbacks dauert daher meist länger als gedacht. Auch dafür müssen Sie in Zukunft ganz sicher mehr Zeitkontingente einplanen.

Persönliche Betrachtung

In der allerersten Ausbildung zum Blended-Learning-Trainer, die ich für eine Bank organisiert habe, gab es unter anderem eine Fallarbeit im Selbststudium, die die Teilnehmer*innen abgeben mussten und die bewertet werden sollte. Beim Erstellen des Materials lag mein Fokus darauf, den Fall und die Aufgabe so klar wie möglich zu beschreiben. Die Teilnehmenden sollten ganz genau verstehen, was sie zu tun hatten. Das schien auch gut zu klappen, denn die Arbeiten trudelten bis zum Abgabetermin pünktlich ein.

Beim Lesen der Arbeiten stellte ich zu meiner größten – unangenehmen – Überraschung fest, dass hier kommunikativ wohl etwas ziemlich schiefgelaufen war. Manche Teilnehmer*innen hatten drei Sätze verfasst, während andere acht Seiten abgegeben hatten. Jetzt stand ich vor der immensen Herausforderung, diese Arbeiten in Prozenten zu bewerten, und merkte, dass wir uns dazu vorab keine Gedanken gemacht hatten.

Es war in keiner Silbe von mir erwähnt worden, wie lange der zu liefernde Text mindestens sein sollte oder nach welchen Kriterien die Punktevergabe stattfinden würde. In den Präsenzveranstaltungen wird eine solche unklare Situation meist durch die Gruppendynamik geregelt. Wenn Teilnehmende wegen etwas unsicher sind, fragen sie aktiv nach, und so schummelt man sich über eventuelle unklare Rahmenbedingungen bei einer Aufgabe leichter hinweg.

Meine Erkenntnis, dass ich Angaben zur Textlänge schlicht nicht bedacht hatte, teilte ich dann in der Lehrgangsgruppe, was dort zur allgemeinen Erheiterung beitrug. Aber wir zogen daraus gemeinsam ein wichtiges Learning: Online-Training verlangt eine viel genauere und präzisere Kommunikation, als wir es aus dem Präsenztraining auch nur ansatzweise gewohnt sind.

Kompetenz des selbstständigen Wissenerwerbs

Selbstgesteuertes Lernen ist eine notwendige Schlüsselkompetenz der Zukunft. Trainer*innen der Zukunft werden besonders flexibel bleiben müssen, da sich die didaktischen Möglichkeiten schneller als bisher verändern. Die Trainer*innen sollten hier eine Vorbildfunktion einnehmen und ihre Erfahrungen und Tipps diesbezüglich an die Teilnehmenden weitergeben.

Coachingkompetenz

Lernende sind primär selbst aktiv. Die Rolle der Trainer*innen ist in diesem Kontext die der Lernbegleitung, und in dieser Rolle braucht es auch Coachingkompetenz, um Menschen bei ihrer Entwicklung optimal begleiten zu können. Viele Trainer*innen haben sich schon in den letzten Jahren in diese Richtung weitergebildet. In Zukunft wird eine entsprechende Zusatzausbildung jedoch ein absolutes Must-have sein.

3.4 Rollenwechsel: Flexible Lernbegleitung ist gefragt

Wie ich schon skizziert habe, verlassen Trainer*innen in Zukunft ihr gewohntes Terrain und werden mehr und mehr zu Lernbegleiter*innen, die streckenweise aus dem Hintergrund agieren. Das verändert das Berufsbild von Trainer*innen stark. Die klassische Vermittlung von Inhalten vor einer Gruppe, ob im physischen oder im virtuellen Raum, nimmt in Zukunft nur mehr einen kleinen Teil der Arbeitszeit in Anspruch. Viel wichtiger wird es, die Lernenden dabei zu unterstützen, ihre individuelle Selbstlernkompetenz zu entwickeln.

Form und Umfang von Lernbegleitung sind wichtige Bestandteile in modernen Lernarrangements und sollten als Bausteine immer explizit angeführt werden. Das gibt den Lernenden vorab Orientierung und zeigt, dass sie nicht alleinegelassen werden. Für Trainer*innen ist dies außerdem eine Frage der Zeiteinteilung, denn die Lernbegleitung muss als wichtige Ressource zeitlich und monetär budgetiert werden. Das bedeutet in der Praxis, dass Form und Umfang der Lernbegleitung schon im Design festgelegt werden sollten.

Als Orientierung, wie viel Lernbegleitung Sie in Ihrem Lernarrangement einplanen sollten, können Sie das Modell der *Five Moments of Learning Need* nach Gottsfredson und Mosher (2011) verwenden. Die Autoren beschreiben fünf Lernanlässe, die einen unterschiedlich hohen Bedarf an Lernbegleitung aufweisen. Diese fünf Lernanlässe sind:

1. **Neue Themen lernen:** Neues Wissen oder neue Kompetenzen sollen angeeignet werden.
2. **Mehr lernen:** Die Mitarbeiter*innen verfügen bereits über Wissen und vertiefen nun ihre Kenntnisse oder Fertigkeiten.
3. **Anwenden:** Die Mitarbeiter*innen möchten etwas, das sie schon gelernt haben, in die Praxis umsetzen; sie haben das Gelernte jedoch zum Teil wieder vergessen und brauchen Auffrischung.
4. **Veränderung:** Der*die Mitarbeiter*in hat etwas gelernt, aber inzwischen haben sich die Anforderungen geändert.
5. **Problemlösung:** In der Praxis zeigt sich ein Problem, das sofort gelöst werden muss.

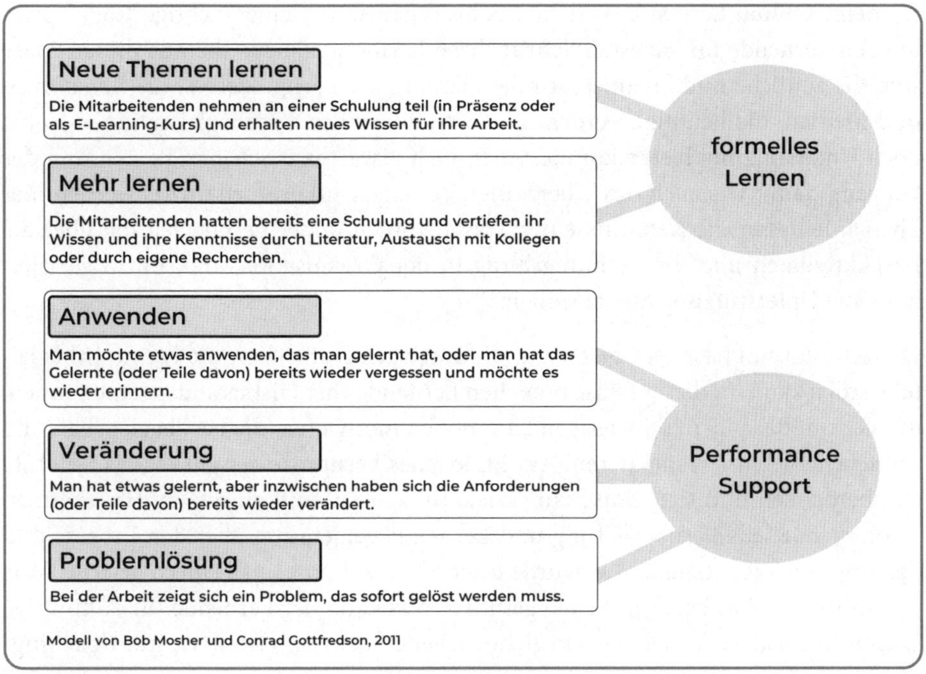

Abbildung 8: Fünf Bedarfsmomente für Lernen

Für die Lernanlässe „Anwenden", „Veränderung" und „Problemlösung" ist die Lernbegleitung das Mittel der Wahl und sollte daher ein fixer und umfangreicher Bestandteil Ihres Konzepts sein. Aber auch wenn es darum geht, etwas Neues zu lernen und deshalb mehr klassische Trainingssettings wie Input, Übungsmöglichkeiten etc. erforderlich sind, sollten Sie hier die Lernbegleitung nicht gänzlich außen vor lassen.

Je nachdem, in welcher Phase des Lernens beziehungsweise mit welchem Ziel die Lernbegleitung eingeplant wird, können die Aufgaben für Sie als Trainer*in unterschiedlich aussehen.

Zu Beginn einer Weiterbildung geht es für den Lernenden darum, den eigenen Lernbedarf festzustellen und die persönlichen Lernziele abzuleiten. Wenn die Lernbegleitung hier ansetzt, liegt der Fokus darauf, dass der Lernbegleiter mit dem Lerner den Bedarf erhebt. Dabei sind Selbstbeobachtung, Reflexion und Selbsteinschätzung wichtig. Danach wird ein Lernziel formuliert. Trainer*innen als Lernbegleiter*innen können mit entsprechenden Coachingtechniken in dieser Phase bestens unterstützen.

Da beim Online-Lernen das Thema Selbstorganisation eine wichtige Rolle spielt, müssen Lernende im nächsten Schritt ihren Lernweg planen. Themen dieser Phase sind die zeitliche und organisatorische Planung des Lernprozesses, die Ressourcen und Medien, die benötigt werden, und wer, außer den Lernbegleiter*innen, sonst noch Unterstützung bieten könnte. Aber auch erwartbare Schwierigkeiten und der Umgang damit wie auch das Überprüfen des eigenen Lernfortschritts werden hier Thema. Je besser die Kenntnisse der Trainer*innen in der Lernbegleitung über die Lernaktivitäten und die Lernumgebung in der Organisation sind, umso gezielter kann die Unterstützung hier ausfallen.

Danach folgt die Phase der Umsetzung, die durch den Trainer bzw. die Trainerin begleitet werden kann. In dieser Phase brauchen Lernende eher Diskussionspartner*innen, die sie zum Beispiel in schwierigen Situationen motivieren, die Feedback geben und Zwischenergebnisse reflektieren. Am Ende eines Lernprozesses gilt es, das Gelernte zu überdenken und sich Umsetzungsziele für die Zukunft zu setzen. Hier können Trainer*innen als Lernbegleitung und Lernende gemeinsam über den Prozess und das Ergebnis reflektieren. Was wurde gelernt? Was wurde aus Fehlern gelernt? Was war hilfreich? Was hat zum Erfolg geführt? Was kann der Lernende für zukünftige Lernprozesse ableiten? Der Lernbegleiter arbeitet hier typischerweise mit Coachingfragen und Coachingtechniken.

Die Haltung eines Lernbegleiters deckt sich größtenteils mit der eines Coachs. Sie geht weg von der Lehrer-Schüler-Haltung, hin zu einer Begegnung auf Augenhöhe mit der Intention des Empowerments, um die Wirkung des selbstgesteuerten Lernens zu verstärken.

Setzen Sie von Anfang an auf Lernbegleitung, denn je öfter Mitarbeiter*innen in Unternehmen Lernarrangements mit begleitender Betreuung durchlaufen, umso mehr Selbstverantwortung werden sie im Lernen entwickeln. Selbstmanagement beim Lernen wird zu einer Schlüsselkompetenz der Zukunft.

3.5 Vom Präsenztrainer zum Online-Trainer

Live-Online-Seminare sind gute Alternativen zu Präsenzseminaren und kommen dem Ablauf eines Face-to-Face-Seminars nahe. Die Teilnehmenden und die Trainer*innen treffen sich zur selben Zeit im virtuellen Raum. Deshalb hat diese Veranstaltungsform seit der Corona-Krise einen wahren Boom erlebt und ist bei Trainer*innen zu einem äußerst beliebten Format geworden. Live-Online-Seminare können in Lernprozessen in verschiedenen Phasen sehr gut eingesetzt werden, sei es als Kick-Off-Veranstaltung, um über den Ablauf und die Formate des Lernprozesses zu informieren, oder auch während des Prozesses, damit die Teilnehmer*innen gemeinsam lernen und sich austauschen können. Ähnlich wie im klassischen Seminar findet eine Interaktion statt und ist explizit gewünscht.

Trotz der Ähnlichkeit zu Präsenzseminaren fordert diese virtuelle Präsenz als Online-Trainerin und Online-Trainer andere und neue Kompetenzen.

Online-Blickkontakt

Damit ein Live-Online-Seminar seine volle Wirkung entfaltet, sollte die Möglichkeit bestehen, die Teilnehmenden via Audio und Video teilnehmen zu lassen. Gerade das Videobild ist ein gutes Mittel zum Beziehungsaufbau und kann didaktisch genutzt werden. Hier ist es jedoch wichtig, dass Trainer*innen darin geschult sind, „Blickkontakt" zu halten. Natürlich darf man darunter nicht die Art von Blickkontakt verstehen, die man im Seminarraum haben könnte. Aber auch im Virtuellen ist es durch das Präsentationsgeschick der Trainer*innen möglich, den Teilnehmer*innen zu vermitteln, sie werden angesehen. Der Online-Blickkontakt gelingt, wenn man direkt in die Kamera blickt – und das muss geübt werden. Damit dies funktioniert, sollte das Setting es erlauben, die Kamera auf Augenhöhe zu platzieren.

TIPP!

Heften Sie sich einen lachenden Smiley als Post-it direkt neben Ihre Kamera. Das zieht Ihren Blick an und motiviert Sie zum Lächeln!

Starke Fokussierung

Weil viele Eindrücke aus der Umgebung fehlen, kommt es im virtuellen Raum zu einer starken inhaltlichen Fokussierung. Wir nehmen von unseren Kolleg*innen oder von den Trainer*innen immer nur einen kleinen Ausschnitt wahr. Ein Großteil der im Live-Training sichtbaren körpersprachlichen Signale ist hier nicht sichtbar.

Was bleibt, ist der direkte Fokus auf den Inhalt und dessen Visualisierung. Das ist einerseits ein großer Vorteil, weil wir dadurch wirklich sehr konzentriert und komprimiert arbeiten können. Gleichzeitig macht das die Arbeit im Online-Raum anstrengender als in einem physischen Präsenzseminar. Eine notwendige Konsequenz daraus ist es, in kürzeren Einheiten zu arbeiten.

Wechseln Sie deshalb spätestens nach zehn Minuten die Methode. Nach einer zehnminütigen Präsentation Ihrer PowerPoint-Folien beenden Sie zum Beispiel das Teilen des Bildschirms und starten mit den Teilnehmenden eine Frage-und-Antwort-Runde.

TIPP!

Überarbeiten Sie unbedingt Ihre bisherigen Präsentationsfolien – genau und gewissenhaft. Durch die stärkere Fokussierung darauf werden Rechtschreib- oder Formatfehler sehr viel sichtbarer. Lange Textpassagen ermüden die Teilnehmenden im Online-Bereich noch mehr als in der Präsenz. Setzen Sie zwischendurch unbedingt Grafiken und Bilder ein, um die Aufmerksamkeit zu erhalten und zu erhöhen.

Je nach Interaktivität sollten nach 60 Minuten, spätestens aber nach 90 Minuten unbedingt Bildschirmpausen eingelegt werden.

Feedbackschleifen aktiv einbauen

Spontanes und unmittelbares Feedback, wie wir es im Seminarraum bekommen, fehlt im virtuellen Raum größtenteils.

Sie kennen eine solche Situation bestimmt: In der Pause sprechen die Teilnehmer*innen Sie als Trainer*in an, dass ein Beispiel nochmals erklärt werden sollte, oder sie bitten um zusätzliche Pausen. Das passiert meist zwischen Tür und Angel, und Sie können sehr direkt und rasch darauf eingehen. Dieses spontane Feedback fehlt in einem Live-Online-Seminar fast immer. Daraus folgt, dass wir als Trainer*innen immer wieder Feedbackschleifen einbauen und Reflexionsfragen an die Teilnehmenden stellen müssen. Das kann mit unterschiedlichen Tools wie dem Chat, mittels Umfragetools oder durch eine einfache und direkte Ansprache der Teilnehmer*innen erfolgen. Diese Schleifen haben einen angenehmen Nebeneffekt: Sie lockern den Ablauf auf und geben den Teilnehmenden zusätzlich Zeit zum Verarbeiten des bereits Gehörten.

Gerade wenn die Teilnehmermikrofone ausgeschaltet sind und Videobilder fehlen, haben Trainer*innen oft den Eindruck, dass ihnen niemand mehr zuhört. Auch hier sind Feedbackschleifen hilfreich, um sich zu vergewissern, dass die Teilnehmenden noch da sind und den Trainer oder die Trainerin auch noch hören können.

Sprache als wichtiges Mittel

Weil die Körpersprache weitgehend fehlt, treten Ihr sprachlicher Ausdruck als Trainer*in und die Visualisierung von Inhalten stark in den Vordergrund. Hier können Sie auf zwei Ebenen ansetzen. Einerseits beim WAS, dem Inhalt, und beim WIE, der Art und Weise.

Bleiben wir beim Inhalt. Was gesagt wird, beeinflusst die Lernatmosphäre. Nachdem es für die Teilnehmenden weniger Orientierungspunkte bezüglich ihres eigenen Verhaltens im Online-Raum gibt, wird der Trainer als starkes Vorbild wahrgenommen. In der Regel richten sich die Teilnehmenden nach ihm. Wenn der Trainer z. B. persönliche Dinge einfließen lässt, machen die Teilnehmenden es automatisch genauso.

Zudem sollte im Online-Raum die Sprache wesentlich präziser sein, da das unmittelbare körpersprachliche Feedback der Teilnehmenden fehlt. Wenn eine Trainerin zum Beispiel eine Aufgabe für eine Gruppenarbeit anleitet, fehlen ihr im virtuellen Raum Teilnehmerreaktionen, wie zum Beispiel ein fragender Blick in die Runde oder ein hilfloses Schulterzucken. Deshalb ist es hier noch wichtiger als im Präsenztraining, Arbeitsaufträge Schritt für Schritt anzuleiten und diese auch auf Folien zu visualisieren. Eine Anleitung für Gruppenarbeiten stelle ich Ihnen im Anhang zur Verfügung.

TIPP!

Nutzen Sie doch einmal die sogenannte „Zahnarztkommunikation". Kommentieren Sie im Online-Raum jeden Ihrer Handlungsschritte. Zum Beispiel: „Ich teile euch jetzt den Gruppenräumen zu. Das wird kurz dauern. So, jetzt stelle ich euch noch den automatischen Timer auf 20 Minuten ein, damit ihr wisst, wann die Gruppenarbeit zu Ende ist." Sollte Ihnen das seltsam vorkommen, bedenken Sie: Die Teilnehmenden sehen nicht genau, was Sie gerade machen, sondern nehmen nur Ihren vielleicht komischen Gesichtsausdruck und Ihr momentanes Schweigen wahr und wissen daher nicht, was in diesem Moment passiert.

Und nun zum WIE der Sprache. Auch hier können Sie mit ein paar Tipps die eigene virtuelle Präsenz optimieren: Monotonie beim Sprechen sollte möglichst vermieden werden, und mit einem Lächeln auf den Lippen wirkt jede Stimme sofort freundlicher. Ein angemessenes Sprechtempo ist wichtig, damit Sie perfekt von allen verstanden werden. Sprechpausen können die Verarbeitung des Gesagten zusätzlich verbessern und geben den kommunizierten Inhalten auch mehr Bedeutung. Eine präzise Ausdrucksfähigkeit wird durch kurze und klare Sätze unterstrichen.

Mangelnde Aufmerksamkeit

Wenn die Teilnehmenden das Live-Online-Training an ihrem Arbeitsplatz absolvieren, lauern dort eine Reihe von Ablenkungen, mit denen wir als Trainer*innen unbedingt rechnen müssen. Ein kurzer Blick weg vom Bildschirm, und schon ist der Teilnehmer geistig nicht mehr beim Seminar. E-Mails, die eintrudeln, oder Kolleg*innen, die „mal nur schnell" eine Frage stellen, reißen Ihre Lernenden leicht aus der Konzentration. Außerdem fehlt die soziale Kontrolle der Gruppe, sozusagen der positive Gruppendruck. Ein Nicht-Mitmachen wird in der Präsenzveranstaltung meist von der Gruppe geregelt.

Rahmenbedingungen müssen einerseits im Bereich der Firmenkultur geklärt werden (mehr dazu in Kapitel 4, „Blickrichtung Unternehmenskultur"), andererseits können Trainer*innen hier didaktisch durch regelmäßige Interaktion ein wenig gegensteuern.

Persönliche Betrachtung

Vor Kurzem habe ich für das Team einer Bildungsabteilung ein 90-minütiges Online-Seminar gegeben, in dem ich zwei interaktive Tools für Online-Seminare präsentieren sollte. Die sieben teilnehmenden Personen waren per Audio und Video zugeschaltet. Die Stimmung war gut, es gab eine lebendige Interaktion und viele Fragen der Teilnehmenden.

Nach einiger Zeit verschwand einer der Teilnehmer, noch dazu der Abteilungsleiter, plötzlich kommentarlos vom Bildschirm und tauchte eine Minute später im Videobild einer seiner Mitarbeiterinnen wieder auf. Dort winkte er lächelnd in die Kamera und sagte „Entschuldigung, mir ist gerade eingefallen, dass ich vergessen habe, Sonja etwas Wichtiges mitzuteilen. Und weil sie im Büro nebenan sitzt, bin ich schnell mal rübergegangen. Wir sind trotzdem noch voll dabei!" Stimmt, die beiden waren voll dabei, nämlich mit ihrem Thema, dessen Abhandlung doch etwas länger dauerte. Und wir anderen durften uns nun auch anhören, was er Sonja „schnell" mitteilen musste, weil ihr Mikrofon noch eingeschaltet war.

Diese Art der Ablenkung bzw. Unterbrechung passiert im Online-Raum sehr viel schneller als in der Präsenzveranstaltung und zeigt, dass viele Beteiligte noch ungeübt in der Nutzung sind. Als Trainer*innen ist es unsere Aufgabe, hier diplomatisch, aber doch souverän steuernd einzugreifen. Das ist allerding nicht immer ganz einfach.

Interaktion ist wichtig

Um die Aufmerksamkeit der Teilnehmenden immer wieder auf das Online-Seminar zu lenken, ist oftmalige Interaktion ein probates Mittel. Wie schon beim Thema Fokussierung besprochen, sollten Sie als Trainer*in regelmäßig Interaktionsmöglichkeiten anbieten. Das können Reflexionen sein, Übungen, ein Austausch, eine Ideensammlung, Umfragen oder ein Quiz.

Die meisten Webinar-Plattformen bieten Funktionen, die man für die Interaktion nutzen kann. Fall das nicht gegeben ist, verwendet man zusätzliche Tools aus dem Internet (s. u.).

Eine Übersicht an Interaktionsmöglichkeiten

Chat: Über diese Funktion können sich die Teilnehmenden schriftlich mitteilen. Sie können etwas über sich selbst posten, um sich den anderen kurz vorzustellen, sie können Fragen stellen oder ihre Erwartungen formulieren. Tipps zur optimalen Nutzung des Chats finden Sie im Anhang.

Whiteboard: Dies ist eine Fläche im Online-Tool, die von Teilnehmer*innen und Trainer*innen frei gestaltet werden kann. Hier kann geschrieben werden, es können Bilder eingefügt und es kann live visualisiert werden.

Umfragetools: Umfragen können vorab oder spontan erstellt und dann an der vorgesehenen Stelle oder an einer passenden Stelle im Online-Seminar durchgeführt werden. Meist sind sie so gestaltet, dass die Teilnehmer*innen aus einer Liste von Antworten eine oder mehrere Optionen wählen können. Per Klick werden die Ergebnisse der Umfrage visualisiert und können in den weiteren Ablauf des Seminars einfließen. Je nach Plattform können Umfragen anonym oder personalisiert durchgeführt werden.

Breakout-Räume: Die meisten Webinar-Plattformen bieten inzwischen die Möglichkeit zur Kleingruppenarbeit. Als Trainer*in teilen Sie die Gruppe auf und schicken per Klick einzelne Teilnehmer*innen in separate Räume. Dort haben sie, je nach Webinar-Plattform, die Möglichkeit, Sie um Hilfe zu bitten. Die Dauer der Gruppenarbeit kann bei einigen Webinar-Plattformen über einen Timer geregelt werden, sodass alle Kleingruppen zum vordefinierten Zeitpunkt wieder in den ursprünglichen Raum zurückkommen.

Moderatorenrechte vergeben: Um die Teilnehmenden aktiver in das Online-Seminar einzubeziehen, kann man ihnen (zeitweise) Moderationsrechte einräumen. Sie können dann ihren Bildschirm teilen und beispielsweise eigene Präsentationen und Aufgaben zeigen.

Online-Tools außerhalb der Webinar-Software: Durch die Funktion des Bildschirmteilens stehen uns auch alle anderen kollaborativen Online-Tools zur Verfügung, etwa digitale Pinnwände (Oncoo, Padlet), Mindmap-Apps oder Umfragetools (Mentimeter und Slido) und viele mehr.

Hier kommen Sie zu einer Liste mit Tools für mehr Interaktion im Online-Raum.

Hier kommen Sie zu einem Vergleich der Interaktionsmöglichkeiten in den Webinar-Plattformen Zoom, Microsoft Teams und Webex Meeting.

Der optimale Arbeitsplatz

Um Ihre Arbeit als Online-Trainer*in so gut und professionell wie nur möglich zu verrichten, benötigen Sie einen entsprechenden Arbeitsplatz. So wie im Präsenztraining nicht jeder Raum als Seminarraum geeignet ist, verhält es sich auch beim Abhalten von Online-Seminaren. Sie benötigen neben einer entsprechenden Internetverbindung, PC, Kamera und Headset oder Ansteckmikrofon unbedingt auch einen ungestörten und ruhigen Raum. Entscheidender noch als die Größe des Raums ist jedoch der Lichteinfall. Die Beleuchtung ist bei der Arbeit mit Video immens wichtig, damit Sie eine gute visuelle Präsenz im Online-Raum haben. Der beste Aufnahmeort ist der, wo Sie maximale Kontrolle über die Beleuchtung haben. Idealerweise gibt es ein Fenster *vor* Ihrem Arbeitsplatz, sodass der Lichteinfall von vorne kommt. Ist das Fenster seitlich und lässt es sich nicht richtig abdunkeln, sind Sie bei starkem Sonnenlicht möglicherweise so überbelichtet, dass man Sie nicht mehr erkennt.

Sie benötigen außerdem eine einigermaßen geräumige Ablagefläche. Wasser, Block, Stift, Ablaufplan, Telefon, PC müssen hier auf jeden Fall Platz finden. Diese Gegenstände sind meine Grundausstattung. Das Telefon benötigen Sie, um für Teilnehmer*innen erreichbar zu sein, wenn diese zum Beispiel technische Probleme beim Einstieg in die Webinar-Plattform haben. Block und Stift sind notwendig, um sich an die genaue Gruppeneinteilung einer Online-Gruppenarbeit zu einem späteren Zeitpunkt zu erinnern oder die Reihenfolge einer namentlich abgefragten Reflexionsrunde später bereitzuhaben und sie gegebenenfalls abzuändern, damit nicht immer dieselbe Person beginnt.

Stehend oder sitzend moderieren ist eine Frage, die mir in den Lehrgängen immer wieder gestellt wird. Beim Online-Training ist beides üblich und hängt von der Persönlichkeit des Trainers / der Trainerin und auch von der Dauer der Online-Veranstaltung ab. Wenn sich jemand gerne beim Sprechen bewegt und vielleicht auch ab und an das Flipchart als Instrument einsetzt, ist das Stehen beim Moderieren eine gute Wahl. Bei längeren Formaten, die mehrere Stunden dauern, sitze ich persönlich gerne. Experimentieren Sie am besten mit den unterschiedlichsten Settings, holen Sie danach Feedback ein und finden Sie so die für Sie optimale Umgebung heraus.

Die fünf Phasen eines Live-Online-Seminars

Wenn Sie in einem Live-Online-Seminar mit den Teilnehmenden arbeiten, durchlaufen Sie grundsätzlich dieselben Phasen wie in Präsenztrainings (mehr dazu in Prohaska 2017). Jede dieser Phasen stellt unterschiedliche Anforderungen an Sie als Trainer*in. Damit Sie für Ihr nächstes Online-Seminar gut gerüstet sind, habe ich Ihnen die wichtigsten Punkte zusammengestellt.

1. Vorbereitung: Diese Phase reicht vom Vorgespräch mit dem Auftraggeber über die Vorbereitung auf die Zielgruppe, die Seminarplanung bis zur Organisation der Veranstaltung. Das Seminar muss auf der Plattform angelegt werden und der Link wird als Einladung an die Teilnehmenden geschickt. Da das Eintreten in den virtuellen Raum für viele Teilnehmer noch keine Routine ist, empfiehlt es sich, mit dem Einladungslink weitere Hinweise für einen reibungslosen Ablauf mitzusenden und zusätzlich einen Technikcheck ein paar Tage vor der Veranstaltung anzubieten. Diese Informationen können eine Schritt-für-Schritt-Anleitung, wie man in den virtuellen Seminarraum gelangt, umfassen sowie Hinweise zur technischen Ausstattung.

Wie auch im Präsenztraining sollten Sie sich als Trainer*in zumindest 30 Minuten vor Veranstaltungsbeginn im virtuellen Raum einfinden, um die Technik nochmals zu checken und Dokumente und Webseiten, die Sie im Ablauf des Seminars benötigen, zu öffnen und alle anderen Programme am PC zu schließen. Es gibt noch einige weitere wichtige Handgriffe, die ich Ihnen zum Start eines Online-Seminars empfehle. Dazu habe ich eine Checkliste für die Vorbereitung von Online-Veranstaltungen erstellt. Sie finden diese im Anhang.

2. Einstieg: Sobald sich die ersten Teilnehmer*innen eingeloggt haben, ist es wichtig, als Trainer*in präsent zu sein und eine gute Atmosphäre zu schaffen. Das gelingt im ersten Schritt durch eine Begrüßung mit direktem und festem Blick in die Kamera. Dem Teilnehmenden signalisiert das: „Ich werde wahrgenommen." Auch Small Talk gehört in dieser Phase dazu, denn damit legen Sie den Grundstein für eine angenehme Atmosphäre, die für die folgenden Lernprozesse wichtig ist. Vielen Menschen fällt Small Talk schwer. Schon bei Präsenzveranstaltungen ist es nicht immer leicht, passende Themen zu finden. Im Anhang finden Sie ein paar Ideen dazu.

Ist der Startzeitpunkt erreicht, sollte pünktlich begonnen werden, auch wenn noch einige Teilnehmende fehlen. Die Einstiegsphase dient vor allem der Orientierung, weshalb einige Punkte unbedingt an dieser Stelle geklärt werden müssen. Wenn etwa die Online-Veranstaltung aufgezeichnet werden soll, muss hier das Einverständnis der Anwesenden eingeholt werden. Außerdem braucht es eine kurze Verständigung darüber, wie man miteinander kommunizieren wird. Die gängigsten Punkte dabei sind:

- Mikrofone ausschalten, um Hintergrundgeräusche zu vermeiden; Mikrofone wieder einschalten, wenn man etwas beitragen möchte.
- Handzeichen-Button verwenden, wenn man etwas mitteilen möchte, und warten, bis man zum Sprechen aufgefordert wird (ist vor allem bei größeren Gruppen wichtig).
- Chat-Nutzung für Fragen oder um auf technische Probleme hinzuweisen.

Diese Regeln müssen explizit angesprochen und mitunter auch mit den Teilnehmenden ausprobiert werden. Wie intensiv Sie auf diese Punkte eingehen, ist abhängig davon, wie viel Vorerfahrung im virtuellen Raum die Teilnehmenden bereits haben.

Hier gelangen Sie zu einem Video mit Tipps, wie Sie den Teilnehmenden Orientierung und Sicherheit im Online-Raum geben. Die Zusammenfassung der Tipps finden Sie auch im Anhang.

TIPP!

Das Ausprobieren der verschiedenen Funktionen lässt sich übrigens hervorragend mit einem lockeren Kennenlernen verbinden. Ich bitte die Teilnehmenden oft, die Antwort auf folgende Frage in den Chat zu schreiben: „In welcher Stadt befinden Sie sich gerade?" Oder: „Was sehen Sie, wenn Sie aus Ihrem Fenster blicken?" Dies sind hervorragende Eisbrecher-Möglichkeiten, die gleichzeitig ein erstes Wir-Gefühl erzeugen.

Und natürlich sollte hier zu Beginn auch die Agenda des Seminars Platz finden. Wenn Sie diese besprechen, können Sie bereits die nächste Phase einleiten.

3. Bestandsaufnahme: Die Teilnehmenden können hier kurz darüber nachdenken, was sie zum Thema lernen wollen, und könnten zum Beispiel über die Whiteboard-Funktion jene beiden Themen der Agenda markieren, die für sie am wichtigsten sind. Sie können aber auch externe Tools wie Oncoo oder Slido für eine klassische

Erwartungsfrage nutzen wie: „Welche Fragen sollten in diesem Seminar auf jeden Fall für Sie geklärt werden?"

In dieser Phase können Sie auch das Kennenlernen der Teilnehmenden mit einem Verbindungsaufbau zum Thema locker und leicht kombinieren. Bilden Sie zum Beispiel Kleingruppen, die jetzt einen ersten Kontakt aufnehmen und dann gegeneinander bei einem Quiz zum Thema des Seminars antreten. So erkennen sowohl die Teilnehmenden als auch Sie als Trainer*in, welches Vorwissen vorhanden ist.

Sollte das Online-Seminar in einer fortgeschrittenen Phase des Lernprozesses stattfinden, dann könnten jetzt vorgeschaltete Vorbereitungsaufgaben aufgegriffen und besprochen werden. Oder es werden hier persönliche Vorerfahrungen der Teilnehmenden thematisiert, um diese dann im nächsten Schritt mit einem kurzen Input zu verbinden. Was bereits in die nächste Seminarphase führt.

4. Themenbearbeitung: Während Sie als Trainer*in Input geben, kann die Webcam der Teilnehmenden ausgeschaltet werden, um nicht vom Inhalt abzulenken. Die reine Vortragszeit sollte in Live-Online-Seminaren sehr kurz gehalten werden. Für eine klassische Wissensvermittlung eignet sich das Format der Lehrvideos besser. Denn hier können die Teilnehmenden selbst bestimmen, ob sie das Video anhalten, vor- und zurückspulen oder zu einem späteren Zeitpunkt noch einmal ansehen möchten.

Online-Trainings eignen sich auch hervorragend als Follow-up-Begleitung in Lernprozessen. Hier können Sie als Trainer*in Fragen beantworten, die sich aus der Anwendung des Gelernten ergeben, und Feedback sowie weiteren Input zur Entwicklung der Teilnehmenden geben. Aber auch Erfolge und Best-Practice-Beispiele finden jetzt ihren Platz.

Ihre Aufgaben als Trainer*in in dieser Phase sind sehr abwechslungsreich und reichen von der Präsentation über Moderation, Feedback-Geben bis hin zu kurzen Coachingsequenzen.

5. Abschluss und Transfer: Je nachdem, in welcher Phase eines Lernprozesses und zu welchem Zweck das Online-Seminar genutzt wird, können hier unterschiedliche Themen Platz finden, zum Beispiel eine aktive Zusammenfassung des Gelernten. Was waren für jeden Teilnehmer die wichtigsten Punkte, die größten Benefits aus dieser Veranstaltung? Auch die bewusste Anwendung der gelernten Skills in einer beruflichen oder privaten Situation kann jetzt thematisiert werden. Fragen wie: „Was ist dein nächster konkreter Schritt?" können in Reflexionsrunden erörtert werden. Ein Ausblick und Tipps dazu, wie die Teilnehmenden weiter am Prozess dranbleiben können, zum Beispiel durch Optionen für weitere Angebote oder Hilfestellungen, unterstützen den Transfer in die Praxis.

Bei einem Online-Seminar, das den formalen Schlusspunkt eines Lehrgangs bildet, sollten in dieser Phase alle Erfolge bewusst gemacht und natürlich ausgiebig gefeiert werden.

In der folgenden Grafik sehen Sie den Ablauf eines vierstündigen Online-Seminars.

4-Stunden-Online-Workshop zum Thema „Umgang mit schwierigen Seminarsituationen"

Inhalt	Methode
Einstieg, Netiquette (Wortmeldungen, Video und Audio etc.) Warm-up, Agenda	Alle mit Video dabei, Agenda auf *PowerPoint mittels Bildschirmteilen*
Kennenlernen Zielgruppe ▪ Was gelingt mir gut? Worauf kann ich bauen? ▪ Womit geht es mir nicht so gut? ▪ Was will ich weiterentwickeln, welche Frage habe ich für heute?	*Padlet* mit drei Spalten erstellt: Link an die TN, diese posten zu den Spalten ihre Meldungen.
Wissensaktivierung Schwierige Seminarsituationen sind subjektiv; daher Beispiele aus der Gruppe abholen.	*Mentimeter* – Sammlung von schwierigen Situationen für die TN Ergebnis der Umfrage mittels *Bildschirmteilen* zeigen und durchgehen.
Dos und Donts in schwierigen Seminarsituationen	1. *Breakout-Session:* zwei Gruppen (10 Min.), Ergebnis mündlich präsentieren durch einen Gruppensprecher 2. Die Ideen der Gruppen werden in einem Textdokument gesammelt, das mittels *Bildschirmteilen* gezeigt wird. 3. Ergänzungen/Tipps durch TR
Pause	*Timer einstellen und mit Bildschirmteilen zeigen, Musik am Ende der Pause*
Theorieinput: „Vier Trainingsgrundsätze"	*PowerPoint mittels Bildschirmteilen*
Lösungswege zu verschiedenen schwierigen Situationen	1. PowerPoint mit typischen schwierigen Situationen zeigen (ggf. mit aktuellen der Zielgruppe ergänzen) 2. Kleingruppen (4–5 Personen, 15 Min.): Jede Gruppe sucht sich drei dieser Beispiele aus und überlegt, was eine optimale Vorgangsweise sein könnte. 3. Präsentation & Diskussion: Ergebnisse notiert TR wieder in einem Word-Doc. Falls TN online versiert sind, können sie Ergebnisse selbst sammeln und mittels Bildschirmfreigabe zeigen. 4. Ergänzungen/zusätzliche Tipps durch TR
Pause	*Timer einstellen und über Bildschirmteilen zeigen, Musik am Ende der Pause*
Eskalationsstufen: Neun unterschiedliche Interventionsschritte sollen in der Reihenfolge einer sinnvollen Eskalationsstrategie gereiht werden.	1. Kleingruppen sollen Interventionsschritte in der Zeitfolge ihres Einsatzes reihen (10 Min.). *Anweisungsblatt mittels Link zu Google Docs den TN übermitteln. In diesem Dokument können die Gruppen „ihre" Reihenfolge abspeichern.* 2. Diskussion im Plenum, TR zeigt mittels Bildschirmteilen das bearbeitete Dokument der drei Gruppen und löst am Ende auf.
„Umgang mit Einwänden" und „Umgang mit Widerstand"	PowerPoint-Vortrag: Zusammenfassung, Ergänzung zu dem bisher Gehörten bzw. Gesagten
Transfer und Abschluss: Was nehme ich mir von heute in meine Trainingspraxis mit?	*Spic – digitale Bildkarten* Jeder TN sucht ein Bild aus, das am besten zu seinem Transfervorhaben passt. Reihum erzählt jeder TN (Audio freigeschalten), was er damit verbindet und vorhat. Der TR zeigt während dieser Abschlussrunde mittels *Bildschirmteilen* die gewählten Bilder.

Abbildung 9: Design eines vierstündigen Online-Seminars zum Thema „Umgang mit schwierigen Seminarsituationen"

Einen Methodenkoffer für die unterschiedlichen Phasen von Online-Seminaren habe ich für Sie im Anhang des Buches bereitgestellt. Außerdem finden Sie dort auch einen Überblick über die Aufgaben eines Online-Trainers.

Vielleicht lockt es Sie nun, zum Anhang vorzublättern, um die Methodensammlung gleich zu studieren. Auch in meinen Ausbildungen zum Online-Trainer wollen die Teilnehmenden zu allererst Tools kennenlernen. Das ist verständlich, ist das doch der kreativste und der für viele lustvollste Teil der Trainingsarbeit. Doch vergessen Sie dabei nicht: Die Basis wirksamer Seminare ist immer das Seminarziel, die Methoden und Tools sind nur die Spitze des Eisbergs. Die Festlegung der Methoden in Ihrem Live-Online-Training ist somit der letzte Schritt auf dem Weg zum professionellen Online-Seminar. Das habe ich auch in der folgenden Grafik entsprechend veranschaulicht. In diesem Sinne darf ich Sie also um noch ein wenig Geduld bitten und Sie zur nächsten Blickrichtung einladen, in der wir uns mit der Unternehmenskultur beschäftigen.

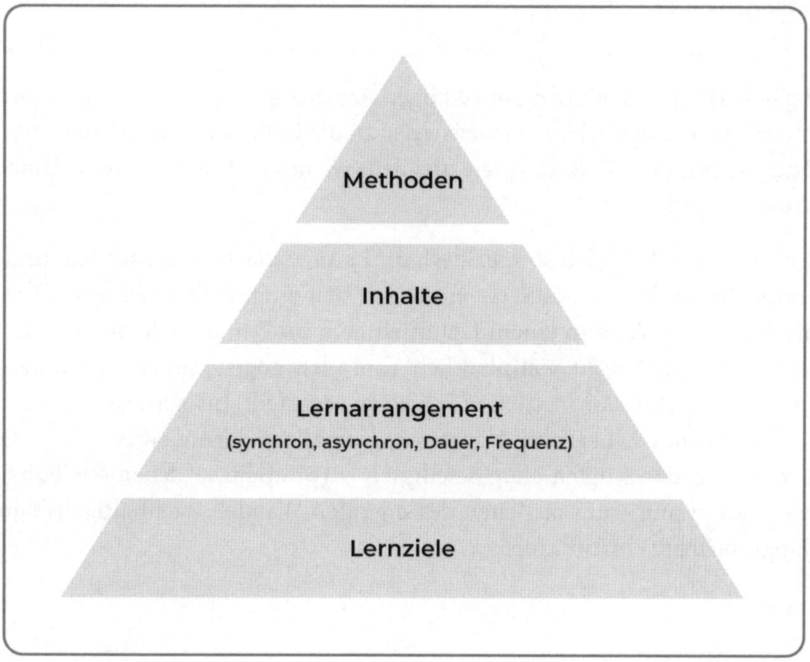

Abbildung 10: Ebenen von Live-Online-Seminaren

KURZ UND KNAPP:

- Die bisher praktizierte One-Man- bzw. One-Woman-Show im Training wird in Zukunft nicht mehr möglich sein. Die vielen unterschiedlichen Lern- und Lehrformen und die damit einhergehenden erforderlichen Fertigkeiten und Ressourcen brauchen ein Expertenteam.
- Die Trainerrolle verlagert sich mehr in den Hintergrund, die Konzeption und Begleitung von Bildungsmaßnahmen wird ein wichtiges neues Arbeitsfeld.
- Trainer*innen müssen sich neue Geschäfts- und Preismodelle überlegen und ihre Arbeitsstätten verlagern und neu ausrichten.
- Die Kompetenz für das Abhalten von Live-Online-Seminaren wird zum Musthave für Trainer*innen.
- Coachingskills werden vor allem für die Lernbegleitung zur notwendigen Voraussetzung.
- Trainer*innen brauchen zusätzlich zu den bisherigen Methoden einen digitalen Methodenkoffer.

Bislang haben wir uns mit den notwendigen Änderungen im Bereich der Lernarchitektur und einer anderen Herangehensweise an die Rolle der Trainer*innen beschäftigt. Nun ist es an der Zeit, dass wir uns dem wichtigen Einflussbereich Unternehmenskultur widmen.

Ihr Lernangebot kann noch so spezifisch und professionell aufgebaut sein und auch die Trainer*innen können äußerst motiviert, neu aufgestellt sowie inhaltlich und technisch fit sein: Wenn in einem Unternehmen, im Denken wie im Handeln, das E-Learning-Konzept nicht vollinhaltlich von allen angenommen und unterstützt wird, sind solche Prozesse meist zum Scheitern verurteilt. Insofern geht es im nächsten Kapitel meines E-Learning-Kompasses vor allem darum, was sich in Unternehmen und in den Köpfen aller Beteiligten – vor allem in denen der Führungskräfte – ändern muss, um in Zeiten des digitalen Wandels nachhaltig erfolgreiche Schulungskonzepte einzuführen.

4. Blickrichtung Unternehmenskultur

Kapitelübersicht:

Um alle bisher behandelten Blickrichtungen harmonisch und vor allem wirksam in Stellung zu bringen, ist es auch erforderlich, sich mit der herrschenden und aktuellen Unternehmenskultur zu beschäftigen und festzustellen, ob alle Eckpfeiler für ein erfolgreiches Implementieren von E-Learning gegeben sind.

4.1 Weg vom Einzelevent – eine zukunftsorientierte Lernkultur schaffen

Zurzeit werden in den meisten Unternehmen viel Geld, Zeit und Energie in die Digitalisierung von Lernen gesteckt. Ein Thema ist jedoch im Rahmen der Implementierung neuer Maßnahmen mindestens genauso bedeutsam wie ein professionelles technisches Equipment oder durchdachtes Lerndesign: die Unternehmenskultur. Es stellt sich die Frage, wie diese insgesamt gesehen auf den digitalen Wandel vorbereitet ist und darauf reagiert. Ohne einen diesbezüglichen – ich möchte fast sagen – radikalen Kulturwandel kann es zu keiner wirklich nutzbringenden Digitalisierung im Bereich Lernen und Entwicklung kommen. Es reicht jetzt definitiv nicht mehr aus, das Alte mit Neuem anzureichern. Unternehmen sind aufgerufen, ihre grundlegenden Denkstrukturen zu transformieren!

Die Einstellung zum Lernen ändern

Lernen muss von den Verantwortlichen von jetzt an stärker als kontinuierlicher Prozess verstanden werden, der völlig neue Ideen und Denkweisen hervorbringt. Das bedeutet in der Praxis: Lernen muss sich weg vom Einzelevent (beispielsweise dem klassischen Zwei-Tagesseminar im Seminarhotel) hin zu einem kontinuierlichen Lernprozess, wie einem Blended-Learning-Format, entwickeln.

Allen Beteiligten muss von Anfang an klar sein, dass es nicht ausreicht, Online-Elemente als bloßen Zusatz der bisherigen Präsenzveranstaltungen einzuführen. In meiner Beratungspraxis erlebe ich jedoch immer wieder, dass in vielen Unternehmen noch genau so gedacht wird. Hier ist intensives Umdenken gefragt! In den Köpfen der Führungskräfte wie auch der Mitarbeiter*innen sollte ein Change-Gedanke in Gang gebracht werden. Es muss von wirklich allen verinnerlicht werden, dass das Lernen der Zukunft völlig neu zu denken ist. Das betrifft vor allem auch die Präsenzveranstaltungen. Diese dürfen keinesfalls wie gehabt ablaufen, sondern sollten ein integrierter Teil des gesamten kontinuierlichen Lernprozesses sein. Deswegen sind Präsenzveranstaltungen in Zukunft völlig neu anzulegen, weg von der reinen Wissensvermittlung hin zu mehr Reflexion, Feedback-Prozessen und Übungssequenzen. Mir ist bewusst, dass dies in der gelebten Praxis, vor allem anfangs, nicht ganz so einfach sein wird, erfordert es doch das Durchbrechen alter, teilweise auch lieb gewordener Gewohnheiten.

Auch die verbreitete, weil so einfach abzuwickelnde Praxis, Wissen und Kompetenzen quasi „auf Vorrat“ zu vermitteln, macht nunmehr wenig Sinn. Sehr viel effektiver hingegen ist es, neue Informationen und neues Wissen im Sinne eines sofortigen

Transfers zum Zeitpunkt der Notwendigkeit, also punktgenau und „on Demand“ bereitzustellen.

Die Abteilungen, die Weiterbildungen organisieren, sind so gezwungen, sehr viel flexibler, also agil, vorzugehen. Eine extrem wichtige Rolle spielen in diesem Zusammenhang auch entsprechende Rückmeldungen aus den einzelnen Abteilungen bzw. von den Führungskräften bezüglich des aktuellen Bedarfs. Eine offene Unternehmenskultur, die daran gewöhnt ist, über den eigenen Lernbedarf zu reflektieren, ist hier ebenso von Vorteil wie eine bewusste und lebendige Fehlerkultur. In vielen Unternehmen herrscht nämlich noch immer der Hang zu einer teils unangebrachten Perfektionskultur, die signalisiert: Fehler können wir nicht brauchen! Doch solange Fehler verleugnet werden, kann man nicht aus ihnen lernen. Deshalb ist eine solche Haltung grundsätzlich gefährlich – für jedes Unternehmen. Eine Lernkultur hingegen, in der Fehler erlaubt sind und als wichtiger Teil des Lernens und Vorankommens verstanden werden, ist unabdingbar.

Lernen sollte in Zukunft stärker zum selbstorganisierten Prozess werden, mit einer größeren Selbstlernkompetenz des Einzelnen. Auch hier braucht es eine massive Einstellungsänderung. Dass nämlich im Rahmen der neuen digitalen Prozesse die Lernenden sich selbst Ziele setzen und die passenden Inhalte auswählen, und nicht die Personalentwickler*innen, die Führungskräfte oder die Trainer*innen, macht einen großen Unterschied. Und hierfür ist eine grundlegende Haltung im Unternehmen, dass die Lernenden diese selbstverantwortlichen Lernprozesse auch wirklich gestalten wollen und vor allem auch können, eine unverzichtbare Voraussetzung.

Notwendige Ressourcen für das Lernen zur Verfügung stellen

Lernen wird in Zukunft kontinuierlich am Arbeitsplatz stattfinden und nicht nur, wie bisher, gelegentlich in einem Seminarraum. Um dieser Tatsache Rechnung zu tragen, müssen im Vorhinein entsprechende Lernzeitkontingente von den betroffenen Mitarbeiter*innen und/oder Führungskräften eingeplant werden.

In der Praxis stelle ich immer wieder fest, dass Lernerfolge geringer ausfallen, wenn die eigentlichen Lernaktivitäten zugunsten anderer (Arbeits-)Aufgaben oder aufgrund oftmaliger Unterbrechungen in den Hintergrund treten. In manchen Unternehmen hingegen wird Lernen am Arbeitsplatz gänzlich abgelehnt. Das Arbeitsrecht sieht jedoch eindeutig vor, dass Weiterbildungen, die von einer Firma für ihre Mitarbeiter angeordnet werden, auch innerhalb der Arbeitszeit zu absolvieren sind. Waren Mitarbeiter*innen für Seminare gebucht und eingeteilt, befanden sie sich bisher meist nicht im Unternehmen, sondern an einem externen Seminarort und waren somit an diesen Tagen nicht greifbar. Diese externe Lernzeit wurde allgemein als

Arbeitszeit anerkannt. – So weit, so gut. Das bedeutet aber für das Online-Lernen: Ein Verkaufsmitarbeiter beispielsweise ist im Verkaufslokal anwesend. Er verkauft aber nicht, sondern er absolviert seinen Online-Kurs. Das ist in der Praxis, speziell im Verkauf, oft schwierig. Führungskräften geht es häufig primär um die Verkaufszahlen, und wenn der Mitarbeiter physisch anwesend und daher greifbar ist, wird er auch nicht so ohne Weiteres von dieser Aufgabe entbunden.

Viele unserer Teilnehmer*innen kommen höchst frustriert zu den Präsenzveranstaltungen und erklären, dass sie während der Arbeitszeit schlichtweg nicht lernen „durften" und immer wieder unterbrochen und mit neuen Aufgaben eingedeckt wurden. Gerade in dieser Hinsicht ist rasches Umdenken in den Unternehmen gefragt, um diese kurzsichtige Einschätzung der Lerngegebenheiten dringend abzulegen!

Persönliche Betrachtung

Nach wie vor kommt es bei meinen firmenintern durchgeführten Online-Lehrgängen vor, dass Teilnehmende berichten, sie hätten die Vor- oder Nachbereitungsarbeiten nicht erledigen können, weil ihre Führungskraft dafür kein Verständnis hatte und sie aufgefordert wurden, das tägliche Arbeitspensum zu verrichten, anstatt bloß „irgendwelche Videos" anzusehen.

Erst kürzlich hatte ich wieder einen solchen Fall, der in der Lehrgangsgruppe dazu führte, dass wir über Lösungsmöglichkeiten und deshalb unter anderem über ein eventuelles Lernen in der Freizeit diskutierten. Zwei Tage danach bekam ich von der Personalentwicklerin eine aufgebrachte E-Mail, ich möge es doch bitte dringlich unterlassen, die Teilnehmer*innen dazu anzuhalten, in ihrer Freizeit zu lernen. Sie wären ohnehin arbeitsmäßig schon so sehr überlastet und die Firma wolle ihnen in keinem Fall noch aufbürden, in der Freizeit zu lernen. Dazu fällt mir nur das Sprichwort ein: „Wasch mir den Pelz, aber mach mich nicht nass!"

Dieses Beispiel illustriert sehr deutlich, wie die unternehmerische Praxis im Zusammenhang mit E-Learning-Maßnahmen ganz oft noch aussieht. Das bestätigt meine Einschätzung, dass gerade eine tief greifende Transformation der Unternehmenskultur in diesem Zusammenhang von immenser Bedeutung ist.

Eine weitere heikle Problematik ergibt sich angesichts der Nutzung von schnellen und immer noch schneller werdenden Technologien, denen das menschliche Hirn eventuell nicht immer in der adäquaten Geschwindigkeit folgen kann und was deshalb zu Aufmerksamkeitsdefiziten führen könnte. Eines dürfen wir nicht vergessen: Es hat sich zwar die Art und Weise, wie Dinge vermittelt bzw. gelernt werden, drastisch verändert, nicht aber die Funktionsweise des menschlichen Gehirns. Lernen braucht nach wie vor ausreichend Zeit, Innehalten und Reflexion – und die dafür notwendigen Zeitstrukturen müssen in den Unternehmen entwickelt werden. Ohne ausreichendes Zeitbudget lassen sich die Lernaufgaben nicht in der entsprechenden Tiefe erledigen. Außerdem sind manche Lernformen für die Beteiligten völlig neu. Auch deshalb ist, zumindest am Anfang, mehr Zeit einzuplanen. Diese Zeitkontingente einzutakten und zu ermöglichen ist die Aufgabe von Unternehmen und Führungskräften und natürlich vorrangig die Aufgabe der HR-Abteilungen.

Lernumgebungen gestalten

Die technische und räumliche Lernumgebung ist als entscheidender Faktor für den Erfolg von Lernangeboten nicht zu unterschätzen. Und trotzdem stehen nach wie vor in vielen Firmen keine für das E-Learning geeigneten technischen Arbeitsmittel zur Verfügung.

Was zunächst recht banal klingt, weil es so selbstverständlich erscheint, ist es leider vielerorts nicht. Nach meiner Erfahrung zeigt sich immer wieder eine starke Diskrepanz zwischen den positiven Aussagen der Technikverantwortlichen und den tatsächlich verfügbaren Arbeitsmitteln. Lernende berichten mir oft, dass sie auf ihren Firmen-PCs keine Videos abspielen können, weil die erforderliche Software fehlt. Auch höre ich von PCs ohne funktionierende Lautsprecher. Dann gibt es Firmen, wo eine zu scharf justierte Firewall einen Zugriff auf die Lernplattform gleich völlig unmöglich macht. Und in manchen Berufsgruppen haben wir Ausgangssituationen wie jene, dass es nur einen einzigen Gemeinschafts-PC im Aufenthaltsraum für viele Mitarbeiter*innen gibt. Bei Online-Seminaren kommt es außerdem auf die Funktionalitäten des genutzten Webinartools an, um ansprechende und interaktive Online-Trainings durchführen zu können. Leider haben nicht alle Tools die Funktion, virtuelle Gruppenräume anzulegen oder ein Whiteboard zu nutzen.

Sie sehen, in wie vielen Bereichen hier ein radikales Um- und Neudenken erforderlich ist, um lernwilligen und lernfreudigen Mitarbeiter*innen eine entsprechend motivierende Lernumgebung zu bieten.

Neben der technischen Ausstattung ist es aber auch notwendig, die räumlichen Gegebenheiten lernunterstützend zu gestalten. Was meinen Sie? Wie „gut“ würde die Teilnahme an einem interaktiven Live-Online-Seminar in einem Großraumbüro funktionieren? Es gilt hier also, geeignete separate Lernräume anzudenken oder Konferenzräume auch für Lernaktivitäten zu nutzen. Auch sollten aktuelle Forschungsergebnisse zum Thema Lernen unbedingt in all diese Überlegungen mit einfließen. Wir wissen z. B. heute, dass Stress ein gnadenloser Lern-Killer ist. In einer lernfreudigen Unternehmenskultur gilt es also, für das Lernen Rahmenbedingungen zu schaffen, die geeignet sind, dass die Mitarbeiter*innen wie das Unternehmen aus allen Maßnahmen den höchsten Nutzen ziehen können.

Für E-Learning-Prozesse braucht es die neueste Technik und vor allem geeignete Lernumgebungen und Lernräume. Die hierfür nötigen Investitionen müssen unbedingt getätigt werden. Und bei allen an diesem Prozess beteiligten Personen braucht es vor allem das tiefe und nachhaltige Verständnis des WARUM.

TIPP!

Experimentieren Sie zu Lernzeiten und Lernräumen mit unterschiedlichen Modellen und reflektieren Sie nach einiger Zeit die Ergebnisse. Die notwendigen und vor allem wirksamen Vorgehensweisen sind schließlich von Unternehmen zu Unternehmen verschieden und bedürfen daher auch unterschiedlicher Betrachtungsweisen.

Modernes Lernen erfordert auf jeden Fall einen bestimmten Rahmen, der je nach den individuellen Anforderungen in einem Unternehmen Schritt für Schritt entwickelt werden muss. Es braucht dazu Ressourcen, die das Lernen unterstützen und die involvierten Menschen zu regelmäßig Lernenden machen. Außerdem geht es auch darum, sich Klarheit darüber zu verschaffen, wann, wo und wie Lernen direkt am Arbeitsplatz erfolgen kann. Das beginnt bei der erforderlichen technischen Ausstattung und geht bis zur vollumfänglichen Akzeptanz der Führungskräfte, dass es während der Arbeitszeit unbedingt Lernzeiten zu geben hat!

Es wird noch eine Weile dauern, bis diese neuen Sichtweisen zum Lernen der Zukunft in den Köpfen der Verantwortlichen fest und stimmig verankert sind. Vor allem die L&D-Experten müssen diesen Prozess kontinuierlich promoten und kraftvoll vorantreiben.

TIPP!

Überlegen Sie doch einmal, ob sich das Thema Lernkultur in der Unternehmensphilosophie oder im Leitbild verankern lässt.

Den Umgang mit Daten sensibel gestalten

Gibt es im Unternehmen einen Betriebsrat, springt dieser mit großer Wahrscheinlichkeit auf das heikle Thema des Umgangs mit Daten im Rahmen der neu eingeführten E-Learning-Prozesse auf. Und dies absolut zu Recht, denn die neue Technik macht Lernen und vor allem Lernfortschritte gnadenlos sichtbar, genauso wie ausbleibende Fortschritte. Es ist zum Beispiel genau erkennbar, wann welcher Mitarbeiter sich zuletzt auf der Lernplattform aufgehalten oder wie oft sich jemand ein Video angesehen hat. Es wird sichtbar, bei welchen Fragen im Multiple-Choice-Test ein oder alle Teilnehmer Schwierigkeiten hatten. Viele Webinar-Plattformen bieten zudem die Möglichkeit eines Aufmerksamkeitstrackings. So kann der Moderator nachvollziehen, ob die Teilnehmer*innen während der E-Learning-Maßnahme die Anwendung wechseln und das aktuelle Meeting lediglich im Hintergrund laufen lassen.

Wie umfassend wir Datenschutz im Zusammenhang mit Lernen mitdenken müssen, zeigt mein eindeutiges Beispiel in der Einleitung zu Smart Learning Environments (siehe Seite 15). Bereits jetzt steht uns eine Vielzahl an Daten auf Knopfdruck zur Verfügung. Und es werden in Zukunft noch viel mehr Informationen abrufbar sein. Wie so oft können diese hilfreich im Sinne der Optimierung von Lernprozessen genutzt oder aber für andere Zwecke missbraucht werden. In jedem Fall sollte es im Unternehmen und bei den Lern-Verantwortlichen regelmäßig einen intensiven Diskurs darüber geben, welche Daten wo gespeichert werden und wer welche Daten zu welchem Zweck einsehen bzw. weiterverwenden darf. Der höchst vertrauliche Umgang mit all den Informationen rund um die Thematik E-Learning muss außerdem allen Beteiligten transparent erklärt werden.

Alle hier genannten Punkte sind die Puzzleteile einer modernen Unternehmenskultur. Im Sinne eines kollaborativen Lern-Mindsets schafft diese Kultur die Basis und damit die Strukturen für zukünftiges E-Learning. Damit das funktioniert, müssen etwaige Unsicherheiten beseitigt, die Mitarbeiter*innen für ein digitales und selbstorganisiertes Lernen begeistert und fit gemacht und entsprechende Richtlinien erstellt werden. Bei der Einführung von E-Learning in Unternehmen diskutieren wir in der Praxis sehr häufig die Fragen des WARUM. Warum sollten wir virtuell zusammenarbeiten, wenn es doch bisher auch ohne diese Option sehr gut funktioniert hat? Warum sollen wir weniger Präsenzveranstaltungen abhalten, wenn Lernen doch ein sozialer Prozess ist? Alle diese Fragen sind im Moment noch wichtig, in einer modernen Unternehmenskultur sollten sie gar nicht mehr gestellt werden. Unternehmen und ihre Führungskräfte dürfen bei der Einführung von E-Learning auf keinen Fall dem weitverbreiteten Irrglauben erliegen, dass mit diesen tollen neuen Formaten automatisch alles besser wird. Neue Formate und Toolkompetenz sind nur ein Bruchteil des digitalen Lernens, wie ich mit der folgenden Abbildung verdeutlichen möchte.

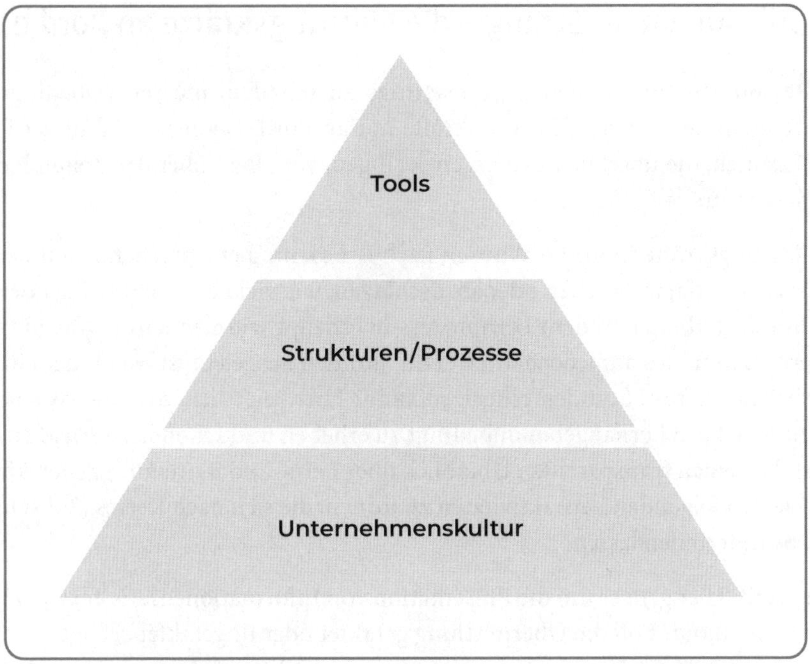

Abbildung 11: Ebenen digitaler Weiterbildung in Unternehmen

Persönliche Betrachtung

Solange die Lernkultur eines Unternehmens nicht an die neuen E-Learning-Maßnahmen angepasst wurde, ist es besser, digitale Lernformen nicht anzubieten. Das betone ich in dieser Deutlichkeit in Vorgesprächen mit potenziellen Kund*innen immer wieder! Aus dieser Überzeugung heraus habe ich auch meinen hier vorliegenden E-Learning-Kompass entwickelt.

Es reicht nun einmal nicht aus, bisherige Präsenzseminare mal schnell mit ein paar Online-Elementen anzureichern oder ein supercooles neues Tool einzukaufen, nur weil es auch die Konkurrenz erfolgreich verwendet. Laufen erste digitale Lernprojekte schlecht, wird sich das im Unternehmen rasch verbreiten. Es muss daher unternehmensintern sehr gut überlegt sein, welche Schritte für ein digitales Pilotprojekt insgesamt in welcher Reihenfolge notwendig sind.

4.2 Alle an einem Strang – die Führungskräfte an Bord holen

Um Ressourcen für die neuen Lernsettings zu schaffen, müssen unbedingt und ohne Ausnahme auch die Führungskräfte mit an Bord. Denn sie sind in der Praxis jene Personen, die über die Ressourcen verfügen, vor allem über das Zeitbudget pro Mitarbeiter*in.

Um Führungskräfte in ihrem Wunsch nach E-Learning entsprechend zu unterstützen, ist es wichtig, zu erheben oder abzuschätzen, wie viel Lernzeit pro Tag oder Woche ein*e Mitarbeiter*in dem Lernprozess überhaupt widmen kann. Was nützt ein Lernprogramm, das auf wöchentlich zehn Stunden ausgelegt ist, wenn der einzelne Mitarbeiter nur fünf Stunden erübrigen kann? Hier zeigt sich, dass die voraussichtliche Lernzeit pro Lernangebot unbedingt zu erheben und schon im Vorfeld anzugeben ist. Für einen transparenten Überblick über Lern- und Betreuungszeiten können Sie diese den folgenden Lernaktivitäten zuordnen, die sich nach Kerres (2018) in drei Bereiche unterteilen lassen.

1. **Content:** Hier geht es um die Präsentation von Informationen. Als Text, als Video oder als Audio? Soll die Übermittlung getaktet oder ungetaktet erfolgen?
2. **Communication:** Hier geht es vorrangig um die Interaktion von Menschen untereinander. Soll sie synchron oder asynchron erfolgen, betreut oder unbetreut? Die Art der Betreuung ist auch im Hinblick auf die Kosten ein entscheidender Faktor. Je mehr Betreuung bzw. je synchroner die Kommunikation erfolgt, umso teurer wird es.
3. **Construction:** Hier geht es um jene Aufgaben, die die Lernenden zu erfüllen haben, angefangen bei einfachen Multiple-Choice-Tests über Fallarbeiten bis hin zu komplexen Projekten. Hier müssen Sie entscheiden, ob es individuelle Aufgaben geben soll oder Aufgabenstellungen an mehrere Lernende gemeinsam. Die Auswertung kann automatisch oder durch Lehrende bzw. Betreuer*innen erfolgen. Die einfachste und kostengünstigste Variante ist natürlich die automatisierte Bewertung einer einfachen Aufgabe für mehrere Lernende, zum Beispiel ein Multiple-Choice-Test.

Diese Komponenten kommen in unterschiedlicher Form und unterschiedlichem Ausmaß in allen Lernarrangements vor. Sie sind für die Planung der Zeit- und Kostenstruktur entscheidend, sollten daher gut überlegt sein und vor allem an alle Beteiligten transparent und klar kommuniziert werden, um diese wirksam und nachhaltig ins Boot zu holen.

In Zeiten von Work-Place-Learning sollten Führungskräfte in Zukunft auch selbst mehr Verantwortung für die Entwicklung ihrer Mitarbeiter*innen übernehmen und diese nicht nur einfach an die L&D-Abteilung „abgeben". Ihr eigenes Rollenverständnis sollte sich weg vom Anweisen und Kontrollieren von Mitarbeiter*innen hin zum Entwickeln des eigenen Teams bewegen. Führungskräfte könnten unter anderem die Mitarbeiter*innen motivieren, ihr Wissen und ihre Erfahrungen im Team zu teilen, oder ihnen Möglichkeiten für Erfahrungslernen am Arbeitsplatz bieten, indem sie ihnen mehr Verantwortung übertragen und damit ihre Selbstorganisation fördern. Die gemeinsame Reflexion von Erfahrungen und darauffolgende Feedback-Prozesse sollten fixer Bestandteil der gemeinsamen Arbeit sein. Für das Verstehen und Annehmen der grundlegenden Veränderung ihrer Rolle benötigen manche Führungskräfte zusätzliche Fertigkeiten. Somit muss in Zukunft auch an dieser Stelle ein neuer Kompetenzaufbau erfolgen.

4.3 Standortbestimmung – die Mitarbeiter*innen an Bord holen

Ob moderne Lernarrangements funktionieren, hängt wesentlich auch davon ab, wo die Teilnehmenden stehen und ob sie motiviert mitmachen wollen und werden. Auch wenn Programme in anderen Firmen noch so großartig aussehen und dort funktionieren, heißt das noch nicht, dass sie auch in Ihrer Firma gut laufen werden. Ihr Programm muss punktgenau und stimmig zu Ihrem Bedarf, Ihrer Zielgruppe und vor allem zu Ihrer Unternehmenskultur passen!

Unternehmen müssen im Rahmen ihres E-Learning-Prozesses vermehrt darauf achten, ihre Mitarbeiter*innen vollumfänglich an Bord zu holen. Zum Beispiel müssen sie sich fragen, ob diese überhaupt die Selbstkompetenz haben, mit der Digitalisierung und dem daraus resultierenden Lernen wirkungsvoll umzugehen. Diese Themen müssen unternehmensintern unbedingt adressiert und bearbeitet werden – und dafür braucht es, neben einem entsprechenden Budget, auch sehr viel Fingerspitzengefühl. Lerngewohnheiten können nur langsam um die neuen Möglichkeiten ergänzt werden. Dabei müssen die gewohnten Muster und Lernbiografien berücksichtigt werden. Was in der Theorie so einfach und schön klingt, ist für viele Menschen, die eine ganz andere Schulbildung durchlaufen haben, völlig ungewohnt. In der Schule gaben die Lehrer und später im Betrieb Führungskräfte oder Trainer*innen den Umfang und Inhalt des Lernens vor. Jetzt sollen sie sich plötzlich die Lernzeiten selbst einteilen und sich auch noch selbst motivieren. Das sind Prozesse, mit denen manche Menschen noch keine Erfahrungen gemacht haben und für die sie keine entsprechenden Strategien entwickeln konnten. Insofern sind hier von Unternehmensseite Geduld und Verständnis gefragt. Der schon lange geforderte Lernkulturwandel im Sinne von mehr Eigenverantwortung von Lernenden braucht nun einmal Zeit.

TIPP!

Es kann hilfreich sein, den Teilnehmer*innen als Vorbereitung für ihre kommenden neuen Lernprozesse im Vorfeld konkrete Tipps zur Selbstorganisation mit auf den Weg zu geben. Ich biete Ihnen ein Handout, das solche Tipps enthält.

Über diesen QR-Code gelangen Sie zu Tipps zur Selbstorganisation.

Zudem darf man Vorbehalte und Vorurteile nicht einfach ignorieren. Lernen mittels Online-Tools ist für viele Menschen beängstigendes Neuland. Nicht selten hört man Aussagen wie: „E-Learning ist mir zu unpersönlich." oder „Das ist was für die Jungen, ich tue mir das nicht mehr an." Oder: „Da bleibt sowieso nichts hängen." Hier gibt es intensiven Aufklärungsbedarf, und es braucht ein langsames und behutsames Heranführen an die neuen Formate.

Meine Erfahrung hat mich gelehrt, diese Bedenken nicht einfach abzutun, sondern sie sehr ernst zu nehmen und den Menschen, die sie äußern, ganz genau zuzuhören. Das ist notwendig, um sie dann in einem nächsten Schritt zu etwas Neuem einzuladen. Es empfiehlt sich, hier unbedingt mit kleinen Schritten zu beginnen. Falls Ihre Mitarbeiter*innen zum Beispiel mit der Anwendung komplizierter Tools total überfordert sind, erreichen Sie gar nichts. Ihre Mitarbeiter*innen fühlen sich dann nämlich in all ihren Vorurteilen bestätigt, im Sinne von „Das habe ich ja gleich gewusst".

Persönliche Betrachtung

Bei all den neuen Lernprojekten, die ich in den letzten Jahren betreuen durfte, hat sich eines ganz klar gezeigt: Es verirrt sich niemand zufällig in ein E-Learning-Programm, und die Begeisterung bei der Einführung komplett neuer Formate hält sich zumeist in Grenzen. Neues macht vielen Menschen nun einmal Angst. Seminareinladungen à la „Sie haben sich am 7. September beim Seminar XY einzufinden. Dies ist eine Dienstanweisung" werden daran nichts ändern.

Was ich mir in Zukunft unbedingt wünsche, ist eine erhöhte unternehmensinterne Vermarktungskompetenz bei der Ausschreibung und Durchführung von Lernprojekten. Das können motivierende Seminarankündigungen oder zum Beispiel Statements von Kolleg*innen sein, die von ihren Erfolgen nach dem bereits absolvierten Lernangebot berichten. Ähnlich den Referenzen auf Webseiten werden diese Statements via Video, Audio oder Text den neuen Teilnehmer*innen zur Verfügung gestellt. Auch Videostatements der Trainer*innen kommen vorab gut an und machen Lust auf die erste Veranstaltung. Und natürlich sollten alle Einladungstexte immer inspirierend und menschlich formuliert sein.

Bei all der anfänglichen Skepsis und Ablehnung, die ich bei neuen Lernarrangements zu Beginn erlebt habe, entwickelt sich die Erfahrung am Ende für alle Beteiligten doch immer zu einem großen Erfolg. Und so lässt sich bilanzieren: Wer aktiv bei einem guten Lernformat mitgemacht hat, bei dem sind alle Bedenken verflogen und die Begeisterung darüber ist in der Regel sehr groß.

Es muss uns also gelingen, die neuen Formate schmackhaft zu machen! Der Rest spricht dann für sich.

Um den Prozess der Kulturänderung bei Ihren Mitarbeitern entsprechend voranzutreiben und sie an Bord zu holen, sollten Sie folgende Punkte unbedingt beherzigen:

- ✓ Legen Sie hohen Wert auf ein für Ihre Teilnehmenden passendes Onboarding. Sie können sie zum Beispiel durch How-to-Tutorials langsam an die Nutzung der Tools heranführen oder Checklisten anbieten, was technisch am PC einzustellen ist, damit es im Webinar zu keinen Störungen kommt. Auch ein gemeinsames und betreutes Ausprobieren der ersten Schritte in der Lern- oder Webinar-Plattform kann hier hilfreich sein.
- ✓ Gestalten Sie eine *aktive* Lernkultur. Bisher herrschte in vielen Unternehmen eine „Sendungskultur“. Die Personalentwicklungsabteilung oder die Führungskräfte orteten den Bedarf und schickten Mitarbeiter*innen zu einer Weiterbildung. Versuchen Sie, dieses Prinzip aufzubrechen und die Mitarbeiter*innen direkt stärker einzubinden. Motivieren Sie sie dazu, ihr zukünftiges Lernen selbstständig zu kommunizieren.
- ✓ Achten Sie unbedingt auf eine hohe und verlässliche Qualität Ihrer Angebote. Sie brauchen exzellenten Content und erprobte E-Learnings, damit genau das auch weiter kommuniziert wird. Vermeiden Sie blinden Aktionismus, nur damit Sie sagen können, dass es auch E-Learning in Ihrem Unternehmen gibt.
- ✓ Die Businessrelevanz Ihrer Angebote im Alltag ist erfolgsentscheidend. Überlegen Sie, wo im Alltag der Mitarbeiter*innen angesetzt werden kann, damit sie ihre Arbeit schneller, sicherer und noch besser meistern können. Genau hier finden Sie wertvolle Ausgangspunkte für Ihr erstes oder nächstes E-Learning- Projekt.
- ✓ Achten Sie bei der Erstellung Ihrer Programme auf tadellos funktionierende Suchfunktionen im E-Learning, die die Teilnehmenden einfach und unkompliziert durch den Prozess leiten. Menschen verlieren schnell die Motivation, wenn der Weg zum Ziel zu kompliziert, umständlich und aufwendig wird.
- ✓ Achten Sie darauf, dass den Lernenden regelmäßig Feedback, also Orientierung, während des Lernprozesses gegeben wird. Wo stehe ich gerade? Was habe ich schon gemacht und was muss ich noch machen? Wie viel Zeit brauche ich dafür (z. B. Lesefortschritt, Sehfortschritt, Lese- und Video-Dauer angeben).
- ✓ Vergessen Sie außerdem niemals eine persönliche und menschliche Ansprache, denn auch bei Online-Formaten braucht es einen persönlichen Beziehungsaufbau. Menschen wollen nun einmal wahrgenommen und anerkannt werden!

4.4 Die Personalentwicklung ist gefragt – neue Aufgaben und Zuständigkeiten

Personalentwicklungsabteilungen und L&D-Experten suchen zurzeit eine neue Orientierung. Für klassische Seminarangebote der Vergangenheit galt meist, dass Planung, Entwicklung und Durchführung des Lernangebots in einer Hand lagen – in der eines Personalentwicklers oder einer Trainerin. Die Trainerin definierte zum Beispiel in Abstimmung mit dem Auftraggeber den Inhalt, die Methoden und die zeitliche Organisation. Direkte Zusammenarbeit fand somit in kurzen Sequenzen bei der Auftragsklärung, Einladung / Auswahl der Teilnehmenden oder bei der Evaluierung von Lernangeboten statt. Die Personalentwicklungsabteilungen erstellten Seminarkataloge, gaben E-Learnings (z. B. für Datenschutz oder Compliance) frei und sorgten für den Aufbau eines Trainerpools.

Dieses Verständnis befindet sich gerade in einem massiven Umbruch. Bei der Entwicklung moderner Lernarrangements ist ein stärker arbeitsteiliges Vorgehen gefragt. Mehrere Akteure, die ich nachfolgend noch näher beschreiben werde, müssen zusammenwirken und gemeinsam ein attraktives Lernangebot verantworten. Diese Akteure können firmeninterne Kräfte oder zugekaufte Expert*innen sein. Für alle Beteiligten bedeutet dies eine wesentliche Veränderung der bisherigen Arbeitsweisen. Wir sprechen in diesem Zusammenhang auch über die „Produktion" von Lernangeboten. Die Verteilung der Aufgaben kann dabei sehr unterschiedlich organisiert sein.

Folgende Akteure (Rollen) sind an der Produktion eines typischen Lernprozesses auf jeden Fall beteiligt:

- Auftraggeber: Meist die Personalentwicklung, die den internen Bedarf erhebt oder erkennt und somit die Idee für den Lernprozess liefert.
- Ein Experte, der weiß, wie man Lernprozesse umsetzen kann und beim Design der Lernarchitektur mitarbeitet.
- Koordinator / Projektmanager: Die Person, die die Verantwortung für das Projekt übernimmt, Zeitpläne erstellt, Meetings mit den relevanten Personen organisiert etc.
- IT-Verantwortliche, die den technischen Teil des Lernens organisieren können.
- Lehrende bzw. Trainer*innen, die das Gesicht oder die Stimme des Lernprozesses und die Fachexpert*innen zum Thema sind. In Unternehmen kommen die internen Trainer*innen zumeist aus Fachabteilungen.
- Content-Pflege: Jemand, der den Inhalt in die Lernplattform einpflegt, sie stets aktuell hält und gegebenenfalls auch etwas korrigiert. Diese Aufgabe wird zurzeit meist von der IT oder von den Lehrenden zusätzlich übernommen. Wenn Sie in Zukunft viele Online-Schulungen organisieren, sollten Sie dafür eine neue Position schaffen, denn diese Aufgaben sind dann nicht mehr einfach nebenbei mit zu erledigen.

Je nach Komplexität des Lernprozesses kann es außerdem notwendig sein, im weiteren Verlauf eines E-Learning-Prozesses andere Rollen hinzuzunehmen, wie zum Beispiel Videoproduzenten, Sprecher, PR-Experten etc.

Sie sehen, alle involvierten Rollen werden definitiv spezialisierter, und „Allrounder" werden nicht mehr gebraucht beziehungsweise auch schwer zu finden sein. Diese unterschiedlichen Rollen erfordern präzise Aufgabenverteilungen, die bis in kleinste Details geklärt werden müssen, um einen reibungslosen Ablauf zu garantieren. Es braucht zum Beispiel die Klärung von Zuständigkeiten bei der Administration der Lernplattform, um nur einen Bereich aufzugreifen. Aufgaben und entsprechende Zugriffsrechte müssen in diesem Zusammenhang ebenfalls definiert werden. Dazu gehört auch die Frage, wer was in der Lernplattform sehen, bewerten und vor allem verändern kann.

Diese Überlegungen sind notwendig, da sich auf der Lernplattform sensible, personenbezogene Daten befinden, auf die nicht jeder Zugriff haben sollte. Außerdem riskiert man mit jeder Person, der es erlaubt ist, an der Kursstruktur oder an den Inhalten etwas zu verändern, Fehler und Missgeschicke, deren Ausmerzung unter Umständen viel Zeit kostet. Andererseits lässt sich natürlich auch Zeit sparen, wenn Rechte an andere Personen vergeben werden und diese selbstständig in der Lernplattform Veränderungen vornehmen, ohne dafür erst eine befugte Person bitten zu müssen. Diese Klärung der Zuständigkeiten wird einmal generell als firmeninternes Thema diskutiert und dann, je nach Lernanlass, jeweils angepasst werden müssen.

Aufgrund der Vielfalt an Rollen und neuen Aufgaben und der damit verbundenen Kompetenzen werden Unternehmen bei manchen Lernprozessen an jenen Punkt kommen, an dem sie sich zwischen „make or buy" entscheiden müssen. Wenn Sie unternehmensintern erkennen, dass Sie die erforderlichen und passenden Kompetenzen im Moment nicht innerhalb Ihres Teams abdecken können und keine weitere Person dafür eingestellt werden kann, werden Sie manche Aufträge an externe Dienstleister auslagern müssen.

Das Zukaufen von Expertise kann auch den Inhalt betreffen. Hier sollten Sie vorab recherchieren, ob es den Content, den Sie anbieten möchten, nicht schon zur freien Verfügung gibt, z. B. als Open Educational Ressource. Es gibt auch Anbieter, die Standardinhalte als fertigen Kurs oder modulartig verkaufen, wie Linkedin Learning, Udemy, Udacity oder der SAP Learning Hub. Vergessen Sie in diesem Zusammenhang nicht, dass Sie das Rad nicht jedes Mal neu erfinden müssen. Sie müssen es nur anders und neuartig darstellen. Dabei reicht es aber nicht, einfach eine Lizenz für eine dieser Plattformen zu kaufen und diese dann Ihren Mitarbeiter*innen rundum zur Verfügung zu stellen. Wichtig ist, dass die Inhalte sondiert werden und danach die klare Entscheidung getroffen wird, welcher Inhalt für welche Zielgruppe geeignet ist.

Der einzige Nachteil bei zugekauften Inhalten besteht darin, dass sie meist sehr allgemein gehalten und daher nicht spezifisch auf den Unternehmensbedarf angepasst sind.

Damit die Lernangebote auch wirklich genutzt werden, empfiehlt es sich, die Einführung durch eine Art „Informations- und Motivationskampagne" zu begleiten. Das heißt, dass das Thema der Einführung neuer Lern-Prinzipien von den Personalabteilungen frühzeitig angedacht werden sollte, am besten in Zusammenarbeit mit den PR-Abteilungen und den dort für die interne PR Verantwortlichen – sofern es diese Stellen in Ihrem Unternehmen gibt.

Wichtig für die Entscheidung, ob Sie Ihr E-Learning selbst produzieren oder zukaufen, sind die folgenden drei Fragen, die bei jedem Lern-Projekt immer wieder neu zu stellen und zu bewerten sind:

- Haben Sie die entsprechenden Kompetenzen an der Hand?
- Verfügen Sie auch über die dazu erforderlichen Kapazitäten?
- Wie viel Budget steht Ihnen für die Umsetzung zur Verfügung?

Auch die sonstigen Rahmenbedingungen, die beim Ablauf von E-Learning-Kursen eine spezielle Rolle spielen, müssen wesentlich genauer festgelegt werden, als dies bisher bei Präsenzveranstaltungen der Fall war. Bei Letzteren galt die bloße Anwesenheit der Teilnehmer*innen zumeist als adäquates Kriterium für das Ausstellen einer Seminarbestätigung. Wie sieht das bei Online-Angeboten aus?

- Reicht das reine Abspielen eines Videos oder ist danach zusätzlich ein Wissenstest erforderlich?
- Kann dieser Test optional absolviert werden oder gilt er erst ab einer bestimmten Prozentzahl an Antworten als positiv absolviert?
- Müssen Aufgaben bis zu einem bestimmten Stichtag abgegeben werden und ist die Erfüllung dieser Vorgabe eine strikte Voraussetzung für die Teilnahme an der Präsenzveranstaltung?
- Führt ein zu spätes Abgeben zu einem sofortigen Punkteabzug?
- Führt ein Nichterfüllen dieser Aufgabe bis zu einem bestimmten Abgabetermin dazu, dass Teilnehmer*innen tatsächlich nicht am Präsenzseminar teilnehmen können?
- Und vor allem, was passiert, wenn mehr als die Hälfte der Teilnehmer*innen diese Aufgabe nicht rechtzeitig wahrnimmt? Muss dann das Präsenzseminar abgesagt werden?

Sie sehen, die Festlegung all dieser Rahmenbedingungen bringt nicht wenig Komplexität mit sich – und dabei sind dies nur einige der relevanten Punkte, die vorab definiert werden müssen. Neben didaktischen Überlegungen geht es hier vor allem um die generelle Einstellung im Unternehmen und darauf aufbauend um die generelle strategische Linie der Personalentwicklung. Im Zusammenhang mit den Rahmenbedingungen geht es auch darum, wie sehr das Unternehmen auf die Selbstverantwortung seiner Mitarbeiter*innen setzt und wie hoch dahingehend das Vertrauen innerhalb der Organisation ist.

Wenn Sie davon ausgehen, dass Ihre Lernangebote von hohem Nutzen für Ihre Mitarbeiter*innen sind und Sie ihnen bezüglich ihrer Selbstverantwortung vertrauen, sind die meisten der oben gestellten Fragen sowieso obsolet. Dann reicht es, ein professionelles und gut überlegtes Lernarrangement mit der Möglichkeit zur Selbstüberprüfung und mit Begleitungsangeboten zur Verfügung zu stellen. Fragen wie: „Wie finde ich heraus, ob meine Mitarbeiter*innen das Lernangebot auch wirklich absolviert haben?“ oder: „Wie weiß ich im Online-Bereich, ob nicht andere die Wissensüberprüfung für meine Mitarbeiter*innen übernommen haben?“ stellen sich dann gar nicht mehr.

Persönliche Betrachtung

Eine der ersten Fragen, die mir Lernverantwortliche in Unternehmen bei der Einführung von E-Learning meist stellen, ist die, wie sie das selbstorganisierte Lernen überprüfen können. Dafür können einige Parameter herangezogen werden, wie zum Beispiel:

- Lesebestätigungen vom System
- Mindestanwesenheitszeit auf der Lernseite
- Bestätigung des Wissens durch Tests

Ich halte die Einrichtung solcher Parameter im Rahmen einer modernen Lernkultur jedoch für ein völlig falsches Signal. In diesem Zusammenhang warne ich vor einer Bürokratisierung selbstgesteuerten und informellen Lernens, da dies komplett kontraproduktiv ist. Ausgenommen hiervon sind Berufsausbildungen, die einen formalen Abschluss und damit entsprechende Kriterien erfordern.

Ich erlebe regelmäßig die Auswüchse derartiger bürokratischer Hürden. Zum Beispiel meldete sich während der Corona-Krise und der damit verbundenen Einschränkung von beruflichen Kontakten einer meiner Coachingklienten, eine Führungskraft, und fragte, ob ein Online-Coaching bei mir möglich sei. Wir vereinbarten einen Termin, der Link zum virtuellen Meetingraum war von mir schon angelegt, als sich jemand aus der Personalentwicklung meldete, um mir mitzuteilen, dass ein Online-Coaching im Unternehmen nicht gewünscht sei. Auf meine Nachfrage, warum, wurde mir erklärt, die Führungskraft könne nicht vor Ort beim Coach die Anwesenheitsliste persönlich unterschreiben. Somit sei der Nachweis für das tatsächlich stattgefundene Coaching nicht gegeben. – Muss ich noch mehr erzählen?

Im Zusammenhang mit der sich verändernden Kultur in den Unternehmen gibt es einen – für Sie vermutlich nicht weiter überraschenden – Punkt: Mit zunehmender Digitalisierung wird die IT-Abteilung ein immer wichtigerer Partner! Zumeist treffen hier sehr unterschiedliche Kulturen aufeinander. Historisch gesehen sind IT-Abteilungen in Unternehmen im Bereich Verwaltung angesiedelt. IT-Prozesse sind daher eher statisch, während L&D-Prozesse agil sind. Bisher führte das oft zu Frustration aufseiten der Bildungsexpert*innen in den Unternehmen. Sie hatten den Eindruck, von IT-Seite wenig oder keine Unterstützung zu erhalten, und fühlten sich ausgebremst.

Mir wurde des Öfteren schon geschildert, dass den Bildungsverantwortlichen zum Beispiel nicht die gewünschte Webinar-Plattform mit der Möglichkeit zur Kleingruppenarbeit zugestanden wurde, da diese angeblich den datenschutzrechtlichen Bedingungen nicht entsprechen würde. Aus den gleichen Gründen werden in manchen Unternehmen einige internetbasierte kollaborative Tools von der IT nicht freigeschaltet. In anderen Unternehmen scheint das kein Problem zu sein, dort kommen genau diese Tools ohne Probleme zum Einsatz.

Solche bürokratischen Hürden kosten Zeit und dämpfen die allgemeine Motivation für zu installierende E-Learning-Maßnahmen – und das ist schade. Beim digitalen Lernen braucht man unbedingt die IT-Abteilung – als wichtigen und verlässlichen Partner auf Augenhöhe. Deshalb ist es notwendig, eine pädagogisch denkende IT zu haben bzw. zu entwickeln. Die dort tätigen Personen sollten ein tief gehendes Verständnis für das neue Lernen entwickeln und sich profundes Wissen rund um die erforderlichen Lernprozesse aneignen. Eine gelungene, enge Zusammenarbeit dieser beiden Bereiche in den Unternehmen wird ein entscheidender Erfolgsfaktor im Bereich digitales Lernen sein.

TIPP!

Hospitieren hilft beiden Seiten, die Herausforderungen zu verstehen. Vielleicht braucht es auch eine neue Position im Unternehmen, als verbindendes Glied zwischen beiden Abteilungen.

Für viele dieser neuen Aufgaben sind die Personalentwickler*innen noch nicht ausreichend vorbereitet und vom eigenen Unternehmen werden ihnen oft keine zusätzlichen Ressourcen zugeteilt. Und hier schließt sich der Kreis zur Unternehmenskultur: Um mehr Geldmittel in E-Learning-Maßnahmen zu investieren, müssen alle Verantwortlichen ein erhöhtes Verständnis dafür entwickeln, was an Tools und technischen Mitteln wirklich erforderlich ist. Es muss den handelnden Personen eingängig klar gemacht werden, dass effektive Bildung einer der wirkungsvollsten Hebel ist, um ein Unternehmen im globalen Wettbewerb konkurrenzfähig zu halten.

Die Arbeit der L&D-Verantwortlichen wird sich in Zukunft hauptsächlich darum drehen, die Unternehmen beim Aufbau dieser neuen Lernkultur und des dazu notwendigen Mindsets zu unterstützen. Dafür werden sie stärker in der Rolle des Partners und Beraters von Führungskräften agieren, um diese on demand mit geeigneten Lernangeboten zu unterstützen.

Auch in der Bildungsarbeit ist es wichtig, stets agil zu bleiben. Wir können heutzutage eindeutig nicht mehr klar antizipieren, was in fünf Monaten sein wird. Deshalb sind die drei Schritte Ausprobieren – Evaluieren – Anpassen in diesem Fall eine mehr als angebrachte Vorgangsweise.

Ideen, wie Sie einen wirksamen Umdenkprozess in Ihrem Unternehmen starten können

Pilotprojekt
Mittlerweile können Sie davon ausgehen, dass Mitarbeiter*innen zumeist schon erste digitale Erfahrungen – z. B. im Homeoffice oder im privaten Bereich – gemacht haben. Ihr Pilotprojekt, mit dem Sie starten, sollte sehr gut überlegt sein und einen sofort erkennbaren Nutzen für die Mitarbeiter*innen schaffen. Wenn es erfolgreich läuft, könnte es zum Aushängeschild Ihrer nächsten Schritte werden und die allgemeine, eventuell noch negative, Einstellung gegenüber digitalem Lernen positiv beeinflussen.

Lernanalyse
Werten Sie unbedingt die ersten Erfahrungen aus und justieren Sie, wenn nötig, nach. Sie können dazu auch technische Hilfsmittel wie Learning Analytics einsetzen. Das Tool ermöglicht Ihnen, das Lernverhalten der Mitarbeiter*innen auf der Lernplattform anonymisiert auszuwerten und daraus Schlüsse für zukünftige Maßnahmen abzuleiten. Die Einführung von E-Learning ist schließlich ein agiler und lebendiger Prozess.

Mitarbeiter*innen einbinden
Mitarbeiter*innen und Führungskräfte wissen selbst am besten, wo es Probleme gibt, und haben oft auch praxistaugliche Lösungen anzubieten. Denken Sie diese Ressource unbedingt mit. Auf diese Weise erhalten Sie vermutlich wertvolle Ideen für Ihr Pilotprojekt oder Sie können die betreffenden Personen animieren, Lerninhalte selbst zu erstellen. Eine Qualitätskontrolle selbsterstellter Inhalte würde ich hier auf jeden Fall mitdenken.

Digitale Möglichkeiten gedanklich immer einbeziehen
Denken Sie in Zukunft bei der Konzeption eines Weiterbildungsangebots immer den digitalen Weg mit, auch wenn Sie ein klarer Verfechter von Präsenzseminaren sind und diese natürlich auch weiterhin ihre Berechtigung haben.

KURZ UND KNAPP:

- Im Rahmen der Einführung von E-Learning-Prozessen gilt es, alle Führungskräfte und Mitarbeiter*innen vollumfänglich an Bord zu holen!
- Die Einführung von E-Learning bringt einen intensiven Change-Prozess in der Unternehmenskultur mit sich. Ohne einen entsprechenden Kulturwandel kann eine nutzbringende Digitalisierung im Lernen nicht stattfinden.
- Es muss allen Handelnden klar sein, dass effektive Bildung einer der wirkungsvollsten Hebel ist, um im globalen Wettbewerb erfolgreich zu sein.
- Neue Ressourcen für das Lernen am Arbeitsplatz müssen daher vom Unternehmen zur Verfügung gestellt und die neuen Lernumgebungen entsprechend gestaltet werden.
- Der Umgang mit sensiblen (Lern-)Daten ist sowohl ein gesellschaftlich als auch firmenintern relevantes Thema.
- Die Personalentwicklung bzw. die L&D-Abteilung nimmt eine zentrale Rolle bei der Einführung von E-Learning ein. Sie erhält neue Aufgaben und braucht daher neue Rollen und Zuständigkeiten.

5. Blickrichtung Technik

Kapitelübersicht:

5.1 Technik und Didaktik müssen Hand in Hand gehen

5.2 Software und Equipment – Konzepte und Technik unter einen Hut bringen

5.3 Lernumgebung: Passende Lernorte schaffen

5.4 Achtung Datenschutz: Verantwortlicher Umgang mit Lerndaten

5.5 Die Zukunft gehört dem Smart Learning

Auf unserem bisherigen Weg durch eine sich verändernde Trainingslandschaft hat die Kompassnadel unseren Blick in die Richtungen Lernarchitektur, Trainerrolle und die so bedeutsame feste Verankerung digitaler Lernkonzepte in der Unternehmenskultur gelenkt. Alle diese Bereiche sind für sich gesehen außerordentlich wichtig. Um jedoch digitale Schulungskonzepte erfolgreich und vor allem nachhaltig zu installieren, gilt es, der Blickrichtung der Technik ein spezielles Augenmerk zu schenken. Wenn nämlich Ihre technischen Gegebenheiten sich nicht auf dem neuesten und aktuellsten Stand befinden oder nicht punktgenau Ihren Schulungsbedarf abdecken, kann das gesamte Projekt des digitalen Lernens in Schieflage geraten.

5.1 Technik und Didaktik müssen Hand in Hand gehen

Technik und Didaktik sind unverzichtbare Partner bei der Konzeption moderner Lernarrangements und sollten präzise und strukturiert Hand in Hand gehen. Diesen Aspekt zu betonen ist mir an dieser Stelle ein besonders wichtiges Anliegen. Durch eine nicht funktionierende Technik oder durch fehlende Bedienerfreundlichkeit der verwendeten Technik kann das beste Lernkonzept sein Potenzial nicht entfalten. Deshalb ist es mir in diesem E-Learning-Kompass ein Anliegen, das Thema der wirklich punktgenau passenden technischen Umgebung immer auch in Verbindung mit den drei anderen Blickrichtungen zu betrachten.

Bei der Vorbereitung von Seminaren und Trainings kann man niemals das Umfeld außer Acht lassen. Das gilt auch für Präsenzveranstaltungen, wo Umgebungsfaktoren wie z. B. der Seminarraum bedeutend für gelingendes Lernen sind. Ich erinnere mich zum Beispiel an glühend heiße Seminartage im Hochsommer, die zur Qual für alle Teilnehmer*innen wurden, weil die Klimaanlage im Seminarraum ausgefallen war. Oder an uralte Beamer, die während einer wichtigen Präsentation einfach den Geist aufgaben, und an Flipcharts ohne Flipchartstifte und Pinnwände ohne Pinnnadeln. Die Hürden und möglichen Problemfelder beim E-Learning sind zwar anderer Natur, aber die Auswirkungen auf den Erfolg eines Seminars oder Trainings sind dieselben. Deshalb möchte ich mit Ihnen gemeinsam nun den Blick in die Richtung des virtuellen Bildungsraums richten. Er stellt die technische Infrastruktur dar, die es ermöglicht, Lernprozesse zu initiieren und technisch und organisatorisch zu unterstützen.

Aufgrund ihrer fehlenden technischen Expertise und Erfahrung verharren derzeit viele Verantwortliche – Personalentwickler*innen, aber auch Trainer*innen – angesichts der Fülle an technischen Möglichkeiten ratlos und fast erstarrt wie das Kaninchen vor der Schlange. Ich bemerke bei all unseren Online-Lehrgängen, deren Fokus eigentlich auf Didaktik und Methodik liegt, wie oft und insistent die Teilnehmenden immer wieder auf die Technik zu sprechen kommen. Dabei zeigt sich einerseits ganz eindeutig, dass viele gar nicht wissen, was prinzipiell für E-Learning an Equipment benötigt wird, und andererseits, dass die meisten mit den Möglichkeiten und dem Handling des Equipments überfordert sind.

Auch wenn der Vergleich mit dem Erlernen des Autofahrens schon ziemlich abgedroschen erscheint: In diesem Zusammenhang ist er doch eine sehr gute Analogie. Denken Sie einmal an Ihre erste Fahrstunde zurück. Vermutlich erschien Ihnen alles sehr komplex und verwirrend. Vermutlich hatten Sie tiefe Zweifel, dass Sie alle Dinge jemals gleichzeitig bedienen könnten: Kupplung treten, Schalten, Blinker setzen,

Rück- und Seitenspiegel im Auge behalten, Gas geben etc. Doch mit der Übung setzte am Lenkrad ein Automatismus ein.

Wir können uns auf unser Gehirn und die darin abgespeicherten Routinen prompt verlassen und uns daher nach einiger Zeit parallel auf andere Dinge konzentrieren. Beim Autofahren können wir zum Beispiel ein Gespräch mit dem Beifahrer führen oder ein Lied im Radio mitsingen. Ähnlich verhält es sich beim Abhalten von Live-Online-Seminaren. Durch die Routine aller Abläufe, die nach einiger Zeit mit Sicherheit eintritt, wird es Ihnen nach einer kurzen Phase mit Anfangsschwierigkeiten möglich sein, wieder präsent und souverän zu agieren und sich Ihren Teilnehmer*innen sowie deren Statements und Anliegen vollumfänglich zu widmen. Alle technischen Handgriffe – den Bildschirm teilen oder in einem anderen Browserfenster ein Quiz vorbereiten etc. – laufen dann automatisiert wie am Schnürchen ab. Wie überall macht auch hier die Übung den Meister!

Um Ihnen in Fragen der Technik mehr Sicherheit zu verleihen, finden Sie nachfolgend einen Überblick über die wichtigsten technischen Voraussetzungen für ein funktionierendes E-Learning. Da sich gerade in diesem Bereich vieles rasend schnell verändert, halte ich meine Aussagen eher allgemein. Vertiefende Informationen können Sie an entsprechender Stelle im Text über einen QR-Code abrufen. So stehen immer aktualisierte Versionen der Checklisten und Handouts für Sie bereit.

5.2 Software und Equipment – Konzepte und Technik unter einen Hut bringen

Die Lerntechnologie, die Sie nutzen, bildet logischerweise den Rahmen für Ihre Lernangebote. Die Technologie soll natürlich den Lernzielen und dem Lernprozess dienen. Folgende Fragen spielen deshalb bei der Anschaffung eine wichtige Rolle:

- Wie können die Lerninhalte optimal zur Verfügung gestellt werden?
- Wie können Lernende möglichst „on demand" beim Lösen von Problemen und dem Lernen unterstützt werden?
- Wie kann selbstgesteuertes Lernen initiiert werden?
- Wie können Lernergebnisse optimal dokumentiert werden, um bestmögliches Lern-Feedback zu ermöglichen?
- Wie kann kollaboratives Lernen gefördert werden?

Für die Organisation von Informationen und wichtigen Fakten sowie für die interaktive Aufbereitung der Inhalte stehen Ihnen Content- und Lernmanagementsysteme zur Verfügung, die zumeist unter dem Begriff „Lernplattformen" zusammengefasst werden. Sie bieten einen virtuellen Raum für Lehr- und Lernprozesse. Das dazu auf dem Markt befindliche Angebot ist riesig und verändert sich sehr schnell. Ich gebe Ihnen in diesem Kapitel einen Überblick und stelle Ihnen die wichtigsten Entscheidungskriterien vor, damit Sie effizient bestimmen können, was Sie tatsächlich benötigen.

Lernplattformen

Content-Management-Systeme (CMS): In diesen Systemen werden Inhalte eher statisch entwickelt. Blogs und auch die meisten Webseiten funktionieren über ein CMS. Beim E-Learning kann ein CMS dann genutzt werden, wenn das Wissen vorrangig bereitgestellt, aber nicht verknüpft werden soll. Für manche CM-Systeme, wie WordPress, existieren allerdings Plug-ins, über die auch Online-Kurse realisiert werden können.

Learning-Management-Systeme (LMS): Diese Systeme werden aktuell in vielen Firmen für die Organisation und Durchführung von E-Learning-Arrangements genutzt. Hier steht die Organisation von Inhalten mit dem Fokus auf den Lernprozess im Vordergrund. Neben der Bereitstellung von Informationen wie Videos, Podcasts und auch Printmedien ist es möglich, die Lernpfade unterschiedlich zu gestalten. Die Lernenden sehen, welche Bausteine sie schon absolviert haben und welche noch ausständig sind. Das LMS gibt Lernenden wie Lehrenden einen guten Überblick über den Lernfortschritt und ermöglicht synchrone und asynchrone Kommunikation mittels Chat oder Forum. Methodische und didaktische Konzepte, wie Wissensüberprüfungen und Tests, sind im System schon angelegt und müssen nur mehr auf die eigenen Lehrinhalte angepasst werden. Alle Daten werden auf einem Server gespeichert und können somit leicht administriert werden.

Die bekanntesten LMS sind Moodle und ILIAS. Vor allem Hochschulen arbeiten damit schon länger. Beide Systeme sind Open-Source-Anwendungen, also lizenz- und gebührenfreie Angebote. Es existieren am Markt aber auch noch zahlreiche andere Anbieter.

Learning-Content-Management-System (LCMS): Ein LCMS ist die Kombination aus einem Wissensmanagement- und einem E-Learning-System. Der Schwerpunkt eines solchen Systems liegt auf der Erstellung, Archivierung, Wiederverwendung und Verteilung von Lerninhalten.

Inzwischen bieten alle Lernplattformen für ihre Nutzung auch Apps an, die jederzeit und von überall einen mobilen Zugriff ermöglichen.

Persönliche Betrachtung

Zweifelsohne sind Lernmanagementsysteme für die Verwaltung von Kursen und Lehrgängen sehr praktisch. Wenn wir jedoch modernes Lernen mehr als Ressourcenbereitstellung und Ort des gemeinsamen Lernens verstehen und nicht so sehr als reine Kursverwaltung, dann erscheinen LMS nicht mehr als ganz so zeitgemäß.

Ein LMS limitiert die Gestaltung des Lernens, da nicht die Lernenden, sondern die Lehrenden die Konzeption und Organisation der Umgebung bestimmen. Hilfreiche Lerninputs für den Lernenden sollten aber sofort und ohne Login-Prozedere zur Verfügung stehen. Das kann im Intranet oder über Portale erfolgen, die Informationen leicht auffindbar bereitstellen. Auch wenn wir kollaboratives Lernen unterstützen wollen, braucht es zumeist andere technische Lösungen in Form von Kollaborations- und Kommunikationsplattformen, wie zum Beispiel Microsoft Teams oder Slack.

Viele digitalisierte und gut aufbereitete Inhalte, die als Bildungsressourcen genutzt werden können, stehen mittlerweile im Internet gratis zur Verfügung. Vielleicht erinnern Sie sich an mein Beispiel zu Beginn des Buches über ein Smart Learning Environment (Seite 15)? Die Zeichen stehen eher dafür, dass die klassischen Lernmanagement-Systeme zunehmend an Bedeutung verlieren werden.

Virtuelle Lernumgebungen in der Cloud: Mit der größeren Verfügbarkeit von leistungsstarken Internetanschlüssen und den Web-2.0-Technologien gewinnen Cloudlösungen immer mehr an Bedeutung. Cloud-Systeme haben viele Vorteile. Es entfällt die kostenintensive Anschaffung und Administration von Hard- und Software auf einem eigenen Server, und die meisten Cloud-Systeme sind außerdem plattformunabhängig. Damit werden Lehrende und Lernende flexibler. Mit einer Vielzahl von Endgeräten haben sie Zugriff auf die Lernumgebung. Einen großen Nachteil stellt allerdings das Thema Datensicherheit dar, denn die Lernmaterialien liegen auf fremden Servern, häufig sogar außerhalb des eigenen Landes. Der Schutz personenbezogener Daten ist dadurch nicht im gleichen Ausmaß gegeben wie bei einem LMS, das auf dem eigenen Server installiert wurde.

Virtuelle Klassenzimmer: Als virtuelles Klassenzimmer werden Video-Konferenzsysteme (auch Webinar-Plattform genannt) bezeichnet, in denen man Webinare oder auch Live-Online-Seminare veranstalten kann. Einige bekannte Plattformen sind: Cisco Webex, GotoMeeting und GotoWebinar, Zoom, Adobe Connect. Diese ermöglichen es, PowerPoint-Präsentationen zu zeigen, am Whiteboard gemeinsam zu schreiben, und erlauben es, über Funktionen wie das Bildschirmteilen gemeinsam und in der Gruppe an einer Aufgabe zu arbeiten. Manche dieser Plattformen ermöglichen auch Kleingruppenarbeit in abgeschlossenen Gruppenräumen. Für die Auswahl des passenden Tools sind Zweck, Teilnehmerzahl, Budget und Interaktivität wertvolle Kriterien. Folgende Überlegungen sind dazu wichtig:

- **Zweck:** Sind Ihre Veranstaltungen eher als Webinar, als interaktive Live-Online-Schulung oder als Meeting geplant?
- **Interaktivität:** Haben Sie vor, mit den Teilnehmenden zu interagieren (mittels Umfragen, Bildschirmteilen etc.)? Ist es dabei wichtig, dass sich alle Teilnehmenden mit Videobild sehen können?
- **Teilnehmeranzahl:** Wie viele Teilnehmer*innen ermöglicht das Tool?
- **Technische Details:** HD-Video, VoIP, Verschlüsselung? In welchem Land stehen die Datenserver? Etc. Worauf legen Sie dabei Wert?
- **Funktionen:** Vor, während und nach der Veranstaltung stellen die verschiedenen Anbieter unterschiedliche Funktionen bereit, wie zum Beispiel Einladungsmanagement, individuelles Branding, Trackingoptionen, Interaktionselemente und mehr. Was davon brauchen Sie wirklich?
- **Budget:** Je nach Funktionsumfang und Anbieter unterscheiden sich die Preise beträchtlich. Wie viel können und wollen Sie für eine entsprechende Plattform monatlich ausgeben?

Auswahl einer Lernplattform

Welche Kriterien einen qualitativ hochwertigen virtuellen Bildungsraum kennzeichnen, kann nicht pauschal beantwortet werden. Das hängt von der Lehr- und Lernkultur sowie von den hauptsächlich geplanten Formaten und deren Didaktik ab. Den absolut optimalen Lernraum gibt es auch bei einem Präsenzseminar nicht. Ein EDV-Kurs wird andere Voraussetzungen erfordern als ein Gruppen-Selbsterfahrungsseminar. Dennoch gibt es einige wichtige Empfehlungen, die ich Ihnen hier gerne weitergeben möchte. Die passende Auswahl und die entsprechende Nutzung haben nämlich weitreichende Konsequenzen für den Erfolg des Lehrbetriebs.

Egal welche Systeme verwendet werden, auf die Usability, also eine möglichst unkomplizierte Möglichkeit, die Systeme intuitiv zu nutzen, sollte vorrangig immer geachtet werden. Einerseits, um die Lehrenden bei der Vorbereitung und Durchführung der Veranstaltung optimal zu unterstützen. Andererseits, um den Lernenden einen einfachen Weg in den virtuellen Lernraum zu ermöglichen. Je einfacher die Handhabung ist und je übersichtlicher die Plattform ausfällt, desto öfter und vor allem lieber werden Ihre Lernenden das System benutzen.

Lassen Sie sich bei Ihrer Entscheidung für ein System auch nicht von einer möglichen Vielzahl an integrierten Funktionen und Instrumenten blenden. Viele verfügbare Funktionen machen noch keine gute Lernplattform aus. Zu viele mögliche Features können nämlich auch einen Nachteil bedeuten, da ein zu komplexes System die Akzeptanz der Nutzerinnen und Nutzer verringert.

Persönliche Betrachtung

Ein Unternehmen, das ich schon lange im Bereich seiner internen Management-Ausbildung begleite, hat sich vor einigen Jahren eine eigene, sehr kostspielige Lernplattform erstellen lassen. Ich wollte diese Lernplattform für mein Modul im Management-Lehrgang nutzen und musste zu diesem Zweck meine Dokumente und Videos, die als Pre-Work und Follow-up für die Teilnehmer*innen gedacht waren, per E-Mail an die zuständigen Mitarbeiter*innen senden, damit diese sie im System hochladen konnten. Da ich wusste, dass es diese Lernplattform in dem Unternehmen schon seit geraumer Zeit gab, machte ich mir deshalb keine weiteren Gedanken und war mir sicher, dass alle Teilnehmer*innen im Vorfeld und in der Vorbereitung gut damit zurechtkommen würden.

Als ich dann im Seminar die Runde der Führungskräfte nach den Pre-Work-Aufgaben befragte, stellte sich heraus, dass keiner der Anwesenden vor der Veranstaltung auch nur einen Blick in die Plattform geworfen hatte! Als Grund nannten mir alle die zu große Unübersichtlichkeit. Das hielt ich zuerst für eine Ausrede, doch als ich mir in der Pause selbst einen Einblick verschaffte, wusste ich, was die Teilnehmer*innen meinten. Ich fand ein System vor, das extrem sperrig, langsam und unübersichtlich war. Mit einem Wort: nahezu unnavigierbar. Es war unmöglich, die Struktur der Plattform zu durchblicken, geschweige denn, sich einen Überblick über den aktuellen Kurs zu verschaffen, und ich konnte sehr gut verstehen, dass man als Mitarbeiter*in die Nutzung dieses Dinosauriers verweigerte!

Das Groteske an diesem Beispiel ist, dass das Unternehmen eisern an dieser Monster-Plattform festhält, mit dem völlig falschen Argument, die Erstellung sei so teuer gewesen. Ja, das war ganz sicher eine äußerst kostenintensive Anschaffung, aber es ist mit Sicherheit noch viel, viel teurer für das Unternehmen, beim E-Learning und beim modernen Lernen generell völlig den Anschluss zu verlieren. Und doch gibt es diese Plattform bis zum heutigen Tage in dieser Firma, obwohl sie kaum oder nur sehr widerwillig genutzt wird. Und ich bin mir ziemlich sicher, dass viele andere Unternehmen ganz ähnlich agieren.

An diesem Beispiel direkt aus der – in diesem Fall nicht erfolgreichen – Praxis sehen Sie, wie wichtig die richtige Entscheidungsfindung im Vorfeld ist, wenn Sie Ihre Mitarbeiter*innen dazu animieren wollen, Ihre zukünftige Lernplattform gerne und vor allem oftmalig zu benutzen! Wenn Sie über die Usability einer Lernplattform mehr herausfinden wollen, gibt es verschiedene Möglichkeiten, diese vorab zu testen. Folgende Methoden werden dazu in der Praxis eingesetzt:

- Expertenbefragung: Mehrere Expert*innen begutachten das System und überprüfen dabei die Anwendung nach bestimmten Kriterien.
- Befragung von Nutzer*innen: Das kann entweder nach oder während der Nutzung (Testpersonen schildern spontan während der Bearbeitung ihre Eindrücke) durchgeführt werden.
- Interaktionsaufzeichnung: Tastatur- und Mauseingaben werden aufgezeichnet und stehen für eine Auswertung zur Verfügung.
- Videobeobachtung: In einer Laborsituation wird neben dem Geschehen auf dem Bildschirm auch das Verhalten der Lernenden aufgezeichnet.
- Eye-Tracking: Mit einer speziellen Brille werden die Augenbewegungen der Teilnehmer*innen erfasst. So kann analysiert werden, welche Elemente einer Seite die Aufmerksamkeit auf sich ziehen – und welche Bereiche weniger wahrgenommen werden.

Auch auf folgende weitere Faktoren sollten Sie bei der Entscheidung für eine Lernplattform auf jeden Fall achten.

Übersichtlichkeit: Die Lernplattform sollte einen übersichtlichen und aufgeräumten Eindruck machen. Informationen über Angebote, Abläufe, Fristen, Voraussetzungen etc. sollten schnell zu finden sein und eindeutig und verständlich formuliert werden. Eine Anbindung an das eigene, unternehmensinterne Kursverwaltungssystem ist in diesem Zusammenhang wichtig. Diese Seite, die die zentralen Informationen für die Lernenden enthält, sollte individuell gestaltbar und bespielbar sein.

TIPP!

Auch die Integration von Pop-ups oder Push-Medien auf dieser Seite kann den Teilnehmenden helfen, neue Informationen schnell und direkt zu erhalten.

Push-Benachrichtigungen sind kurze Informationen, die automatisiert auf dem Bildschirm der Nutzer*innen erscheinen. Sie können auch mit einer weiterführenden Information verlinkt werden. Diese Nachrichten liegen bei Webbrowsern im Trend; so weisen Medien beispielsweise auf Breaking-News hin.

Planungs- und Verwaltungsmöglichkeiten: Ihre virtuelle Lernumgebung braucht auch einen Platz, an dem Termine eingesehen und verwaltet werden können und wo gemeinsame Lernaktivitäten abgestimmt werden. Dafür ist zum Beispiel eine Kalenderfunktion unbedingt vorzusehen. Auch die Einbindung von Kommunikationsinstrumenten, wie Chatfunktion oder Forum, ist unbedingt erforderlich. In diesem Bereich findet auch die schon erwähnte Kursverwaltung statt, also die Registrierung, das Erfassen von Prüfungsleistungen oder das Erstellen von Zertifikaten.

Bereitstellen von Material – Mediathek: Sie brauchen in Ihrem virtuellen Lernraum auch eine Art Mediathek, in der die Lernenden die bereitgestellten Materialien finden. Außerdem sollten dort Werkzeuge zur Unterstützung des Lernprozesses bereitstehen. Dazu zählt zum Beispiel die Möglichkeit, Lesezeichen zu setzen, um wichtige Inhalte schnell wiederzufinden. Auch die Einbindung von Schlagworten (Tags) oder Social Bookmarks kann zusätzliche Orientierungshilfen schaffen. Außerdem sind die Optionen einer Volltextsuche oder einer thematischen Suche ebenfalls unbedingt erforderlich. Bei umfangreichen Lernmodulen sollten außerdem die einzelnen Kapitel über eine Navigationsleiste direkt ansteuerbar sein.

Lernende sollten auf jeden Fall die Möglichkeit erhalten, ihre eigenen Dokumente selbstständig einzustellen und auf ihr individuelles Endgerät herunterladen zu können. Online-Kooperationsinstrumente für die Zusammenarbeit innerhalb der Teilnehmergruppe können hier ebenfalls zur Verfügung gestellt werden. Eine Schnittstelle zum Internet sollte selbstverständlich sein, zum leichten und einfachen Zugriff auf weitere Informationsquellen.

Ich empfehle in diesem Zusammenhang auch das Einbauen einer „Historie“, also einer Verlaufsübersicht, damit die Lernenden ihre Arbeit an genau jenem Punkt wieder fortsetzen können, an dem sie das Programm bei der vorigen Lern-Session verlassen haben.

Dies ist auch der Platz, an dem die sogenannten Learning Analytics, eine Sammlung von Berichten und Daten über die Lernenden, zur Anwendung kommen, um daraus Hinweise für die Optimierung des eigenen Lernverhaltens zu generieren. Dabei sind allerdings strikte Datenschutzregeln zu beachten, auf deren Handhabung ich in diesem Kapitel noch eingehen werde (Seite 130 f.).

Kommunikation und Kooperation: Wie ich bereits an mehreren Stellen dieses Buches erwähnt habe, ist Lernen ein sozialer Prozess. Diese Tatsache sollten Sie sich immer wieder bewusst machen. Denn genau deshalb spielen eine gelungene Kommunikation und intensive Kooperation hier eine so wichtige Rolle. Ihre Lernplattform sollte daher unbedingt die entsprechenden Möglichkeiten anbieten, effizient zu kommunizieren und zu kooperieren. Sie benötigen für ein solch effizientes System synchrone Formate wie Text-, Sprach- oder Video-Chats. Hier hat sich das visuelle Anzeigen, wer gerade online ist, als besonders hilfreich erwiesen, da dies eine schnelle Orientierung und Kontaktaufnahme ermöglicht. Aber auch asynchrone Kommunikationskanäle wie E-Mail oder ein Forum sind wichtig, um auch außerhalb der Anwesenheits- oder Bürozeiten miteinander kommunizieren zu können.

Prüfung und Evaluation: Lernplattformen sollen es den Lehrenden ermöglichen, ohne großen Aufwand Tests zu erstellen, zum Beispiel durch Multiple-Choice-Fragen oder Drag-and-Drop-Aufgaben. Diese können als Prüfung für den Abschluss einer Lehrveranstaltung, aber auch während des Prozesses zur Selbstüberprüfung der Lernenden dienen. Ergänzend zu diesen automatisch auswertbaren Aufgaben bieten vor allem komplexere Lernaufgaben, Reflexionstagebücher und Forumsdiskussionen klare Hinweise für die Weiterentwicklung der Lernenden und sollten technisch daher abgebildet werden können.

Technische und wirtschaftliche Überlegungen: Außerdem dürfen die entscheidenden Themen Design, Technologie, Support, Kosten, Performance (Stabilität und Reaktionszeiten) natürlich in Ihren Überlegungen nicht fehlen. Ziehen Sie dazu am besten Ihre jeweiligen IT-Experten zurate.

TIPP!

Erstellen Sie für den Auswahlprozess einer Lernplattform mit allen Beteiligten einen glasklaren Kriterienkatalog, in dem alle erwähnten Punkte gesammelt und auch gewichtet werden. Unterscheiden Sie dabei in einem nächsten Schritt zwischen Muss-, Soll- und Kann-Kriterien, um den Entscheidungsprozess weiter zu präzisieren. Auch die Definition von eindeutigen K.O.-Kriterien ist in diesem Zusammenhang sehr nützlich. Wenn Sie außerdem die zukünftigen Nutzer*innen in den Entscheidungsprozess einbeziehen, erhöht das die Akzeptanz für den späteren Einsatz!

In meiner Praxis sehe ich sehr häufig, dass es trotz perfekter Auswahl und vorhandener Hilfen für die Anwender*innen schwierig ist, sich in einer (neuen) Lernplattform zu orientieren, zu kommunizieren und Lerninhalte zu bearbeiten. Wir alle brauchen neue Kompetenzen, um mit diesen für uns noch ungewohnten Umgebungen professionell umgehen zu können. Planen Sie für diese Maßnahmen ausreichend Zeit ein und sorgen Sie von Anfang an für zusätzliche Lernangebote wie Einführungsschulungen und Supportleistungen, damit nicht die gesamte Energie und Aufmerksamkeit aller Beteiligten anstatt für den Lernprozess für die korrekte Bedienung der technischen Infrastruktur aufgewendet wird!

Administration der Lernplattform

Mit der Auswahl des geeigneten virtuellen Raums ist es aber noch nicht getan. Es braucht außerdem eine Anlaufstelle für die Pflege und Bereitstellung der technischen Infrastruktur. Dabei geht es um die Sicherung und Archivierung von Daten sowie um die grundsätzliche IT-Sicherheit. Sie benötigen dazu ein Support-System, das eine schnelle Beseitigung technischer Fehler wie Systemausfälle gewährleistet. Aber auch die Anpassung der bereits vorhandenen Software oder Erweiterung von Instrumenten aufgrund didaktischer Überlegungen zählen in diesem Zusammenhang zu den wichtigsten Aufgaben. Hier braucht es eine exzellente Abstimmung zwischen IT und HR, um detailliert festzulegen, wer wofür verantwortlich ist. Wie schon in Kapitel 4 (Blickrichtung Unternehmenskultur) thematisiert, werden die Personalentwicklungsbereiche verstärkt mit den IT-Bereichen der Unternehmen kooperieren müssen. Da sie zumeist selbst keine IT-Expert*innen sind, sind die HR-Bereiche künftig beim Realisieren moderner bzw. zeitgemäßer Lern- bzw. Trainingslandschaften auf die Unterstützung der internen (bzw. auch externen) IT-Spezialist*innen angewiesen.

Die meisten Tools sind durch eine unterschiedliche Vergabe von Rollen und damit verbundenen Rechten gekennzeichnet. Zum Beispiel darf der Administrator uneingeschränkt am System arbeiten; Gäste, das sind zumeist die Teilnehmenden, dürfen nur eingeschränkt in einen Kurs schauen, ohne etwas zu verändern. Je mehr Rollen eine Lernumgebung anbietet, desto mehr Rollen können auch im Rahmen eines Lernprozesses vergeben werden. Diese Zuweisung der Rollen und Rechte erfolgt zwar letztendlich auf technische Art und Weise, doch die grundsätzliche Überlegung, wer welche Rollen übernehmen soll, ist wiederum ein klassisches Unternehmenskultur-Thema wie auch eine didaktische Frage.

Um das weiter zu verdeutlichen, ein Beispiel aus der Praxis: An einer Fachhochschule in Österreich haben auf einer Webinar-Plattform einzelne interne Mitarbeiter*innen das Recht zugewiesen bekommen, als Gastgeber*innen zu fungieren. Das bedeutet, dass jeweils zum Start einer Online-Veranstaltung eine*r dieser internen Mitarbeiter*innen anwesend sein muss, um dem Trainer, der die Live-Online-Veranstaltung leitet, eine andere Rolle als jene des Gastes zuzuordnen. Dies ist wichtig, da auf dieser Plattform zum Beispiel die Funktion des Bildschirmteilens für den Gast nicht funktioniert. Die interne Weisung an dieser Fachhochschule lautet allerdings auch, dass externe Trainer*innen nur zu Co-Moderator*innen gemacht werden dürfen. Als Co-Moderator*in ist es allerdings nicht möglich, auf dieser Webinar-Plattform Kleingruppen zu starten.

So verfügt diese Hochschule zwar über ein Tool, das prinzipiell interaktive Kleingruppenarbeit ermöglichen würde, vergibt aber die entsprechende Rolle und die damit verbundenen Rechte nicht an externe Referent*innen. Die Folge davon ist bedauerlicherweise eine didaktische Einschränkung der gesamten Lehrveranstaltung.

Weiteres Equipment, das zum Einsatz kommt

Wenn Sie die entsprechende technische Struktur erst einmal geschaffen haben, steht noch eine Reihe an Instrumenten zur Verfügung, die genutzt werden können, um Ihr Online-Angebot professioneller und noch eingängiger zu gestalten. Die Nutzung dieser Tools ist nicht unbedingt erforderlich, trägt aber zur Attraktivität Ihres E-Learning-Angebots maßgeblich bei. Mit der Einbindung von Filmen, Audios und Infografiken ergeben sich ganz neue kreative Möglichkeiten für E-Learning-Arrangements. Doch um all die unterschiedlichen Medien und Formate ins gemeinsame und funktionierende Laufen zu bringen, ist weitere Technik nötig.

Wenn Sie ein Lernarrangement entwickeln, gilt es daher zu überlegen, ob die notwendigen Ressourcen dafür – wie monetäre Mittel für die Anschaffung entsprechender Technik, aber auch in Form von Kompetenz, diese Technik zu bedienen – im ausreichenden Maße im Unternehmen vorhanden sind. Die Frage, die sich hier oft stellt, ist, ob man sich für „make or buy“ entscheidet. Denn Materialien wie Filme oder Infografiken können auch zugekauft werden.

Mögliche Software für Lernmaterialien

- Software zur Erstellung von Dokumenten und Präsentationen: Hier sind nach wie vor PowerPoint oder Prezi (↗ https://prezi.com/de) führend. Eine Alternative dazu könnte zum Beispiel Canva sein (↗ https://www.canva.com).
- Tools, um Dokumente im Internet zu verfassen, zu verteilen oder kollaborativ mit anderen zu entwickeln: Beispiele dafür sind Google Docs oder Dropbox.
- Tools, um interaktive online Dokumente zu gestalten: Damit lassen sich Ihre Dokumente ansprechend aufpeppen. H5P (↗ http://www.h5p.org) oder Tutory (↗ http://www.tutory.de) sind dafür passende Beispiele.
- Audioprogramme, um Podcasts zu erstellen: Audacity ist dazu eine bekannte Software (↗ http://www.audacity.de).
- Videoprogramme, damit Sie Ihre eigenen Lehrvideos produzieren können: Zum Beispiel Camtasia ist in diesem Bereich schon lange am Markt vertreten. (↗ http://www.techsmith.de/camtasia).

Software für E-Learning-Anwendungen: Da Lernarrangements nicht nur aus Dokumenten, Videos und Präsentationen bestehen, sondern in Form von Modulen oder Lektionen aufbereitet werden, braucht es entsprechende Anwendungen: die sogenannten Autorentools. Diese sind entweder bereits in der Lernplattform enthalten oder können als zusätzliche Software hinzugefügt und genutzt werden. Die meisten werden im SCORM-Format erstellt, einem über die unterschiedlichsten Lern-Plattformen hinweg gängigen Format. Hier zählen Adobe Captivate (↗ https://www.adobe.com/at/products/captivate.html) oder Articulate 360 (↗ https://articulate.com/360) zu den bekanntesten Anwendungen.

Tools für Online-Treffen: Unterschiedliche Tools wie Chat, Whiteboard und Umfragen sind in fast allen gängigen Webinar-Plattformen vorhanden. Zusätzlich gibt es interaktive Anwendungen, die man mittels der Funktion Bildschirmteilen in Live-Online-Treffen einbauen kann. Das reicht von einer digitalen Pinnwand über Umfrage- und Quizanbieter sowie digitale Bildkarten bis hin zu kollaborativ nutzbaren Plattformen. Wichtig bei der Nutzung dieser Anwendungen ist es, vorab zu klären, ob die Sicherheitseinstellungen bei allen Teilnehmenden eine Nutzung erlauben.

Den Zugang zu einer Liste frei zugänglicher Tools, die ich selbst gerne und oft verwende, finden Sie auf Seite 82 in Kapitel 3 (Blickrichtung Trainerrolle). Zudem können Sie auch „Tool-O-Search“, eine Art Suchmaschine für digitale Tools für den Unterricht, nutzen (↗ https://wbdig.guetesiegelverbund.de/tool-o-search).

Zu all den genannten Marken und Anbietern existiert natürlich eine Vielzahl an Alternativen. Auch in diesem Anbieterbereich ändert sich das Marktgeschehen ständig und rasant. Im Internet finden Sie dazu sehr gute Blog-Beiträge mit Vergleichen und Rankings der unterschiedlichen Tools. Außerdem gibt es eine Vielzahl an hilfreichen Tutorials, um den praktischen Umgang damit Schritt für Schritt zu erlernen. Ich nutze diese Quellen sehr gerne, um mich mit neuen Werkzeugen und Methoden vertraut zu machen. Meist sind auch kostenlose Testversionen mit voller Funktionalität bei den Softwareanbietern verfügbar, damit Sie nicht die berühmte Katze im Sack kaufen und Ihr Investment danach bereuen müssen.

Technik zur Zahlungsabwicklung: Für selbstständige Trainer*innen kann es wichtig sein, sich ein eigenes automatisiertes Bezahlsystem für Online-Angebote zuzulegen. Auch meine kompakten Live-Online-Formate werden über ein automatisiertes Bezahlsystem abgewickelt. Bewährte Tools in diesem Bereich sind zum Beispiel Digistore24 (↗ https://www.digistore24.com) oder elopage (↗ https://elopage.com). Allerdings sind diese Zahlungsabwicklungssysteme nicht gerade günstig, sie verrechnen bis zu 9 % des Umsatzes, bieten jedoch im Gegenzug einen hohen Nutzen!

5.3 Lernumgebung: Passende Lernorte schaffen

Um an neuen Lernarrangements teilzunehmen, ob als Trainer*in oder Teilnehmer*in, sollten Sie sich einen passenden Lernort schaffen. Auch dafür braucht es natürlich die entsprechende technische Ausstattung, damit das E-Learning seine volle und positive Wirkung entfalten kann. Für eine perfekte Lernumgebung sollten Sie in folgende fünf Bereiche investieren:

- PC oder Laptop
- schnelle Internetverbindung
- Audio-Zubehör
- Webcam
- Beleuchtung

Alle Beteiligten benötigen zuallererst einen **Computer** oder ein mobiles Endgerät wie ein Smartphone oder Tablet. Als Trainer*in benötigen Sie auf jeden Fall einen Computer. Auch wenn die Teilnahme an Live-Online-Seminaren oder der Gebrauch einer Lernplattform über mobile Endgeräte möglich ist, empfehle ich deren Nutzung für Trainer*innen nicht. Zum einen sind die Bildschirme dieser Geräte sehr klein, wodurch präsentierte Informationen oder bei Online-Treffen die Videobilder der Teilnehmenden schlechter erkennbar sind. Zum anderen lassen sich während der Sitzung notwendige Schreibarbeiten auf einer Tastatur schneller erledigen und auch das Wechseln zwischen mehreren Browseranwendungen ist am PC einfacher zu bewerkstelligen. Wenn leistungsstarke Programme wie zum Beispiel das vorhin erwähnte Camtasia verwendet werden sollen, dann muss Ihr Gerät zudem über einen ausreichenden Arbeitsspeicher und einen schnellen Prozessor verfügen.

An einer stabilen und leistungsfähigen **Internetverbindung** führt natürlich auch kein Weg vorbei. Hier gilt es zu beachten, dass andere Online-Aktivitäten (wie Up- und Downloads), die über dieselbe Verbindung getätigt werden, kostbare Bandbreite schlucken. So kann es in manchen Büros während der Hauptarbeitszeiten, wenn alle Mitarbeiter*innen eingeloggt sind, zu starken Leistungsschwankungen kommen, die eine Teilnahme an einem Live-Online-Seminar oder das Abspielen von Videodateien mühsam oder sogar unmöglich machen.

Persönliche Betrachtung

Derzeit bilden mein Team und ich gerade die Personalentwickler*innen und internen Trainer*innen einer großen österreichischen staatlichen Institution mit ca. 6.000 Mitarbeiter*innen online weiter – und stehen genau vor diesem Problem. Live-Online-Trainings am Vormittag sind für die Mitarbeiter*innen aufgrund der eingeschränkten Datenleitung durch die Vielzahl an Büroarbeitsplätzen nicht möglich. Wir haben unsere Schulung dahingehend zeitlich angepasst und führen sie nun ab 14 Uhr durch. Das ist zwar für unseren Zweck und unsere Aufgabe im Moment eine gangbare und konstruktive Lösung, auf Dauer aber für die Organisation untragbar.

Wenn in Zukunft unter anderem die Grundschulung neuer Mitarbeiter*innen größtenteils online funktionieren soll, muss in eine neue Infrastruktur investiert werden! In Anbetracht der Größe der Institution und der Tatsache, dass es an die 100 Außenstellen in Österreich gibt, bedeutet dieser Schritt eine enorme Investition. Um das dafür erforderliche Budget lockerzumachen, braucht es wiederum die wichtige Erkenntnis in der Unternehmenskultur, dass sich Lernen permanent verändert und es sich daher lohnt, in diesen Bereich hochrangig zu investieren.

Unter anderem erkennen wir an diesem Beispiel, wie sehr alle Blickrichtungen miteinander verzahnt sind.

Zur Anschaffung des Computers kommen noch notwendige Peripherie-Geräte wie ein Headset oder ein wertiges externes Mikrofon hinzu. Die Tonqualität ist ein wichtiger Faktor bei der Aufnahme von Videos oder bei Live-Online-Veranstaltungen. Eine schlechte Tonqualität ermüdet die Zuhörer*innen viel schneller und kann rasch Frustrationen erzeugen.

TIPP!

Steigen Sie unbedingt immer vorab, zumindest dreißig Minuten vor Start Ihrer Live-Online-Veranstaltung, in den virtuellen Raum ein, um Ihr gesamtes technisches Setting, wie auch die Audio-Aktivität zu testen.

Es ist immer wieder erstaunlich, wie unterschiedlich die Audiofunktionalitäten der Webinar-Plattformen sein können. Ich arbeite zum Beispiel sehr häufig mit meinem Laptop, der ein exzellentes integriertes Audio besitzt. In vielen der gängigen Plattformen funktioniert mein integriertes Mikrofon sogar besser als das USB-Ansteck-Mikrofon. Nur in einer bestimmten Plattform eines Unternehmens brauche ich mein Ansteck-Mikrofon, weil es sonst einen leisen Pfeifton gibt.

Diese Dinge finden Sie besser vorab heraus, um dann im Live-Online-Setting perfekt gerüstet zu sein und um sich keinen unangenehmen audiovisuellen Überraschungen ausgesetzt zu sehen.

Da die **Webcam** ein sehr gutes Mittel für den Beziehungsaufbau zwischen Teilnehmer*innen und Trainer*in ist, sollten Sie vorzugsweise in eine gute Kamera investieren. Es reicht aber bei Weitem nicht, eine tolle Kamera zu besitzen, Sie müssen auch lernen, diese richtig einzusetzen. Wenn Sie nämlich nicht auf die richtige Einstellung achten, haben Ihre Teilnehmenden den Eindruck, Sie reden an ihnen vorbei oder Sie sprechen von oben herab (was bei Tablet-Nutzung meist der Fall ist). Der direkte Blickkontakt ist evolutionsbiologisch nun einmal wichtig für eine funktionierende Kommunikation.

Bei Live-Online-Seminaren fehlt ein echter, persönlicher Blickkontakt, also müssen Sie diesen künstlich herstellen. Und das funktioniert, indem Sie Ihre Webcam auf Augenhöhe haben. Wenn Sie dann in die Kamera blicken, empfindet sich Ihr Gegenüber als wahrgenommen!

TIPP!

Wenn Sie oft mit der Webcam arbeiten, dürfen Sie den Aspekt der unmittelbaren Lernumgebung, also den Hintergrund und das, was man außer Ihrer Person noch sieht, nicht unterschätzen. Auch die Eindrücke, die dadurch entstehen, kommunizieren mit.

Manche Webinar-Plattformen ermöglichen es Ihnen, einen virtuellen Hintergrund einzublenden, da ist vom Südseestrand bis zum Weltall so ziemlich alles im Angebot. Das ist als Spielerei ganz amüsant, muss aber im Business-Kontext sehr genau überlegt werden. Fragen Sie sich immer: Sollen meine Botschaft, meine Person oder mein Hintergrund in Erinnerung bleiben? Sie wollen doch schließlich nicht, dass Ihr Publikum durch das, was sich hinter Ihnen abspielt, zu sehr von Ihren Aussagen abgelenkt ist. Weniger ist auch hier mehr, ich empfehle daher die Wahl eines neutralen Hintergrundbilds.

Falls Sie vorhaben, in Ihre Lernarrangements selbst erstellte Videos und Live-Online-Veranstaltungen einzubauen, dann sollten Sie auch an eine entsprechend professionelle und ausreichende **Beleuchtung** denken. In den wenigsten Räumen herrschen optimale Lichtbedingungen. Doch gerade als Trainer*in sollten Sie eine professionelle Präsenz im virtuellen Raum haben, und dazu zählt auch eine perfekte Ausleuchtung Ihres Gesichts. Ich verwende dafür eine Softbox, die es zu günstigen Preisen zu kaufen gibt. Ringleuchten sind ebenfalls empfehlenswert. Allerdings rate ich Brillenträgern eher davon ab, da sich das Licht in der Brille spiegelt und so der Blickkontakt wieder ein Stück weit verloren geht.

Vergessen Sie aber bei der Anschaffung einer E-Learning Hardware bitte nicht, dass diese auf dem Anspruch einer beherrschbaren, flexiblen und kostengünstigen Ausstattung basieren soll, die den Anforderungen des Lernens und nicht den Anforderungen Hollywoods gerecht wird.

Über diesen Code gelangen Sie zu einer Liste mit Informationen zu meiner aktuellen technischen Ausstattung.

Barrierefreiheit

Wenn wir schon neue und spannende Lernorte erschaffen, sollten wir auch den Aspekt der Barrierefreiheit berücksichtigen. Im Zusammenhang mit E-Learning ist Barrierefreiheit die unabdingbare Voraussetzung dafür, dass jeder Mensch die Möglichkeit hat, am Lernprozess teilzuhaben. Auch Menschen mit Beeinträchtigungen sollen E-Learning nutzen können. Dafür müssen die Prinzipien der Barrierefreiheit bereits bei der Gestaltung der Lernangebote berücksichtigt werden.

Das betrifft vor allem die Bedienbarkeit. Nicht alle Menschen bedienen Computer mit einer Standardtastatur und -Maus. Alle Inhalte sollten deshalb so formatiert und strukturiert sein, dass eine Navigation mit alternativen Eingabegeräten leicht möglich ist – wie sie etwa Menschen mit einer motorischen Behinderung häufig nutzen. Menschen, bei denen eine Sinnesbehinderung vorliegt, benötigen wiederum entsprechend anders vermittelte Inhalte. Deshalb sollten zum Beispiel alle Materialien immer für die Aufnahme über zwei Sinneskanäle, zum Beispiel visuell/akustisch, als Video und auch als geschriebener Text, zur Verfügung stehen. Menschen mit Beeinträchtigungen arbeiten zudem häufig mit Hilfsmitteln und assistiven Technologien, wie Screenreader, Spracheingaben, Vergrößerungssoftware, Bildschirmtastatur und Ähnlichem. Wählen Sie deswegen immer gängige Programme und Formate, die mit den meistgenutzten Technologien kompatibel sind.

5.4 Achtung Datenschutz: Verantwortlicher Umgang mit Lerndaten

Durch die Verbindung von Technik und Lernen fallen im Vergleich zum Präsenzseminar eine Unmenge an Daten an, deren Sicherung und Weiterverwendung genauestens geklärt werden muss. Wie schon öfter erwähnt, ermöglicht es uns die Technik, alles Lernen und vor allem dessen Fortschritt oder Nicht-Fortschritt sichtbar zu machen. Lernprozesse und Lernergebnisse werden häufig automatisch dokumentiert und können daher eindeutig nachvollzogen werden.

Zum Beispiel sehen wir in jedem LMS, wann welcher User zuletzt auf der Plattform war. Wir erkennen den Lernfortschritt und können uns zum Beispiel bei den Wissensüberprüfungen ansehen, wie oft ein bestimmter Test durchgeführt wurde und bei welchen Fragen falsche Antworten erfolgten. Und das sind nur ein paar einfache Beispiele dafür, welche Informationen über die Lernenden einsehbar sind. Positiv betrachtet ermöglicht diese Beobachtung des Lernfortschritts es uns als Trainer*innen oder als HR-Verantwortlichen, den Lernprozess viel effizienter und individueller zu gestalten. Je genauer das LMS über die Lernenden Bescheid weiß, desto individueller kann der Lernprozess organisiert werden.

Damit einher geht aber eine Profil- bzw. Lern-Datenerfassung des Einzelnen, und so rückt das Thema Datenschutz in den Fokus. Wie viel wollen die Lernenden überhaupt über sich preisgeben? Wie hoch ist ihr Anspruch auf Vertraulichkeit dieser sehr persönlichen Daten? Wie sicher sind die Daten, wer alles hat Zugriff darauf und zu welchem Zweck werden die Daten verwendet? Es muss allen Beteiligten im Vorfeld klar sein, dass Lernende mit ihren Stärken und Schwächen durch E-Learning transparenter werden. Deshalb gilt es, hier mit hoher Achtsamkeit und Ethik zu agieren.

Learning Analytics

Der Fachbegriff zum Tracking von Lerndaten lautet „Learning Analytics“. Darunter wird die Erhebung und Auswertung einer Vielzahl von Daten über Lernende verstanden, um Lernfortschritte zu messen, zukünftige Leistungen vorauszuberechnen und potenzielle Problembereiche aufzudecken (NMC Horizon Project 2012). Dazu werden Daten aus verschiedenen Quellen zusammengeführt. Das können die bisherige Historie des Lernenden sein, Informationen zu seinen momentanen Leistungen, statistische Daten und vieles mehr. Das alles ist möglich, da eine Vielzahl an Daten in elektronischer Form vorliegt.

Dabei ergeben sich interessante Fragen hinsichtlich der Verwendung und Interpretation von Daten, denn die Ziele der Datenerhebung können sehr unterschiedlich sein. Aber auch welche Schlüsse aus den gemessenen Daten gezogen werden können und wie sich diese Konklusionen konkret auf die Anpassungen des Lernprozesses umsetzen lassen, ist noch nicht hinreichend erforscht. Für einen produktiven Einsatz von Learning Analytics in der Praxis müssen also noch viele offene Fragen geklärt werden, und zwar auf unterschiedlichen Ebenen, gesellschaftspolitisch, aber auch unternehmensintern. Mit der Umstellung auf modernes Lernen wird es auf jeden Fall mehr als notwendig, die aktuelle Forschung und die daraus resultierenden Erkenntnisse genau zu verfolgen. Hier sind die Verantwortlichen für Lernen und Entwicklung, ob als HR-Verantwortliche in Unternehmen oder freiberufliche Trainer*innen, gefordert, genau hinzusehen.

Laut Gesetz müssen alle Beteiligten am Lernprozess vorab darüber informiert und aufgeklärt werden, welche ihrer Daten in der Institution, dem Unternehmen oder, wo immer Lernen erfolgt, zu welchem Zweck gespeichert werden und von wem, wann, wie und wofür sie verwendet werden.

Aber auch im Zusammenhang mit den Internetverbindungen und der Nutzung externer Tools wie Video-Konferenz-Systemen ist das Thema Datenschutz zu beachten. Hier gibt es zum Teil einen großen Unterschied in der rechtlichen Situation zwischen der EU und den USA. Die Nutzung von Diensten, deren Server nicht in der EU stehen, stellt per se ein Datenschutzproblem dar. Hier ist auch die Politik gefragt, eine entsprechende rechtliche Klarheit zu schaffen.

Aber auch das Urheberrecht und die Nutzungsrechte von Bildern und Materialien spielen im Zusammenhang mit E-Learning eine extrem wichtige Rolle. Nicht alle Bilder oder Dokumente dürfen einfach frei verwendet werden. Bei der Nutzung von Fotos gilt es nicht nur, das Urheberrecht des Fotografen zu berücksichtigen und seinen Namen zu nennen, auch die abgebildete Person muss in der Regel das Einverständnis zur Veröffentlichung geben, denn jeder Mensch verfügt über das Recht am eigenen Bild.

Diese Punkte sind auch bei Präsenzveranstaltungen zu beachten. So ist bei Filmaufnahmen von Veranstaltungen und den daran beteiligten Personen das Einverständnis der zu sehenden Personen einzuholen bzw. sind diese im Vorfeld auf die Aufnahme hinzuweisen. Relativ neu ist das Thema der Videorechte im Bereich von Webinaren. Webinar-Plattformen laden geradezu dazu ein, eine Veranstaltung per kurzem Knopfdruck aufzuzeichnen. In vielen Fällen gehen die Verantwortlichen völlig naiv an die Sache heran und denken sich nichts dabei, ein Event aufzuzeichnen. Erst wenn man sie darauf aufmerksam macht, dass auch alle Videobilder und Namen der Teilnehmenden im Video zu sehen sind, dämmert es ihnen, dass man sich Einverständniserklärungen hätte holen sollen. Und vor allem haben die externen Trainer*innen hier noch ein Wörtchen mitzureden. Denn das Einverständnis zur Aufnahme und die Rechte am Video müssen vorab geklärt werden.

Der verantwortungsvolle Umgang mit Daten und Rechten wird – und das nicht nur im E-Learning – eine große und zentrale Herausforderung der Zukunft sein. Jede Organisation tut gut daran, das Thema Datenschutz auch im Zusammenhang mit Lernen intensiv zu diskutieren und entsprechende organisatorische wie ethische Schritte zu setzen.

5.5 Die Zukunft gehört dem Smart Learning

Den Ausführungen dieses Kapitels können Sie entnehmen, dass Bildung und Technik immer stärker miteinander verbunden werden (müssen). Digitale und intelligente Lernumgebungen werden zukünftig DIE zentralen Aspekte im Bildungskontext sein und künftiges Lernen und Arbeiten wesentlich prägen. Wie schon im ersten Kapitel angesprochen, wird die Zukunft ganz eindeutig den Smart Learning Environments gehören. Darunter versteht man intelligente und hybride Lern- und Arbeitsumgebungen, die lebenslanges Lernen am Arbeitsplatz fördern und in denen die Disziplinen Bildung, Informatik und Architektur in einem ganzheitlichen und menschenzentrierten Ansatz verbunden werden müssen.

Es geht um physische Räume, die mit neuen Technologien angereichert sind. Dadurch entstehen die sogenannten hybriden Lernwelten. Es handelt sich dabei um Lernszenarien, in denen reale und virtuelle Lernräume miteinander verschmelzen. Die Technik unterstützt die lernende Person, indem die Smart Learning Environments alle Vorgänge in ihrer Umgebung digitalisieren und vernetzen. Somit lassen sich analoges und digitales Lernen optimal verbinden und es entsteht der hybride Charakter aller Lernaktivitäten.

Damit eine Lern- und Arbeitsumgebung intelligent wird, ist es erforderlich, das physische Umfeld mit digitalen, personalisierten Lernprozessen zu verbinden – also Lernprofile, Lernhistorien, Lernvorlieben, Lernpfade usw. im Rahmen von Learning Analytics in das Smart Learning Environment zu integrieren. Im wissenschaftlichen Kontext spricht man dabei von „adaptive learning."

Alle diese Informationen befinden sich in der intelligenten Zentraleinheit eines Smart Learning Environments. Diese ist eine IT-Infrastruktur, bestehend aus Hard- und Softwarekomponenten sowie dazugehörenden Schnittstellen, die für den Datenaustausch zuständig sind. Diese Zentraleinheit speichert das verfügbare und benötigte Wissen in einer Cloud, und somit sind alle Informationen ortsunabhängig abrufbar. Durch die Integration semantischer Konzepte werden Lerninhalte mit weiteren Wissensquellen ergänzt und verknüpft.

Stellen Sie sich vor, Sie suchen zum Beispiel nach dem Begriff „Arbeitspsychologie". Das System durchforstet, je nach angegebener Kategorie, Studien, Bücher, Fachartikel, Veranstaltungen, Podcasts, Blogs, Videos etc. im Internet bzw. in Ihrer eigenen Bibliothek und zeigt Ihnen alle nach Erscheinungsdatum sortierten relevanten Suchergebnisse an. Außerdem ist eine Vernetzung zu bestehenden Lernplattformen wie zum Beispiel Moodle oder zu Fachforen möglich. Die Zentraleinheit fungiert somit als Schnittstelle zwischen internen und externen Datenbeständen und organisiert bedarfsgerecht alle benötigten Informationen.

KURZ UND KNAPP:

- Die Lerntechnologie bildet den wichtigen übergeordneten Rahmen für Ihre Lernangebote und sollte daher überlegt ausgewählt werden.
- In den Auswahlprozess sollten Beteiligte aus verschiedenen Bereichen (L&D, IT, Anwender) idealerweise mit einbezogen werden, um die Akzeptanz für den späteren Einsatz eines Systems von Anfang an zu erhöhen.
- Bei der Auswahl der technischen Ausstattung ist im Vorfeld die Erstellung eines Kriterienkatalogs, der auch die absoluten K.O.-Kriterien für Anwendungen enthalten sollte, hilfreich.
- Usability, also die Nutzerfreundlichkeit und eine möglichst unkomplizierte Möglichkeit, ein System intuitiv zu nutzen, sollten bei der Auswahl oberste Priorität haben.
- Ihre E-Learning-Hardware sollte leicht beherrschbar, flexibel und den Anforderungen des Lernens und nicht den Anforderungen Hollywoods gerecht werden.
- Bedenken Sie, dass auch Menschen mit unterschiedlichen Beeinträchtigungen Ihr Angebot nutzen wollen. Virtuelle Barrierefreiheit ist auch hier ein Thema.
- Die technischen Voraussetzungen und Angebote ändern sich rasend schnell. Hier gilt es, am Ball zu bleiben und bei Bedarf die eigenen Systeme laufend zu adaptieren oder gegebenenfalls neu anzuschaffen.
- Lernen und Datenschutz werden in Zukunft noch stärker zu integrieren sein. Achten Sie von Anfang an auf entsprechende technische Einstellungen und pflegen Sie mit den Ihnen anvertrauten Daten einen sauberen Umgang.

6. Der Mensch im Mittelpunkt

Angesichts dieser so vielen und extrem spannenden Themen, der zahlreichen neuen technischen Entwicklungen und der damit verbundenen neuen Lernmöglichkeiten könnten wir alle leicht Gefahr laufen, den Menschen zu vergessen! Man fokussiert als ein dem digitalen Wandel zugeneigtes Unternehmen auf herausragende, interaktive Tools oder legt sich eine innovative Lernplattform zu, die alle Stücke spielt. Das ist wichtig und richtig! Doch all diese Systeme werden ihre volle Wirkung nur dann entfalten, wenn Sie es schaffen, damit auf die Bedürfnisse der Menschen, die diese nutzen sollen, optimal einzugehen.

Deshalb ist es mir ein dringliches Anliegen, an dieser Stelle, und fast schon am Ende meines E-Learning-Kompasses, ein Plädoyer für den Menschen im Mittelpunkt des digitalen Lernens zu halten. Denn wir dürfen gerade im Rahmen der Digitalisierung niemals die Menschen und ihre psychologischen Grundbedürfnisse vergessen. Um Lernende bestmöglich zu unterstützen, ist es wichtig, diese Grundbedürfnisse zu kennen und ihnen auch in den neuen Lernumgebungen gerecht zu werden. Es existieren dazu umfassende Erkenntnisse aus der psychologischen Kognitionsforschung. Insbesondere durch die neuesten Forschungsergebnisse über die neurologische Informationsverarbeitung erhalten wir wertvolle Hinweise, wie das neue Lernen funktioniert, und können dadurch ein in der Tiefe wirksames und nachhaltiges Lernen fördern.

Menschen möchten sich verbunden fühlen

Das Bedürfnis nach Verbundenheit und Zugehörigkeit ist so stark in uns verankert, dass ein Mangel daran vom Gehirn wie körperlicher Schmerz interpretiert wird. Außerdem sinkt bei einem nur geringen Gefühl von Zugehörigkeit die kognitive Leistungsfähigkeit. Aufgaben, die wir alleine lösen sollen, erscheinen uns uninteressanter und unsere Aufmerksamkeitsspanne verringert sich.

Priyanka Carr und Gregory Walton von der Standford University gingen 2012 diesem Thema in umfangreichen Experimenten nach. Sie wollten herausfinden, wie Menschen reagieren, die glauben, in einem Team zu arbeiten. Es kam dabei nie zu einer echten Zusammenarbeit, sondern es ging vielmehr um das Gefühl der Verbundenheit. Die Forscher untersuchten die Motivation, mentale Kraft, Leistungsfähigkeit und Begeisterung – alles Eigenschaften, die wir auch beim digitalen Lernen brauchen. In all diesen Kategorien zeigten jene Versuchspersonen, die das Gefühl hatten, Teil eines Teams zu sein, bessere Ergebnisse als die Kontrollgruppe (siehe Purps-Pardigol 2005, S. 66 ff.).

Sie erkennen daraus, wie wichtig es ist, in digitalen Lernarrangements Möglichkeiten zur Kommunikation wie Chat, Forum oder Treffen (digital oder analog) einzubauen und diese als Bildungsverantwortliche auch aktiv zu betreuen. Ich empfehle Ihnen, auch in digitalen Umgebungen ein Kennenlernen der handelnden Personen zu ermöglichen. Zum Beispiel durch Videobotschaften oder digitale Profile in einer Lernplattform oder Vorstellungsrunden in Live-Online-Seminaren. Fördern Sie, wann immer es möglich ist, ein gemeinsames Arbeiten. Besonders nachhaltig gelernt wird dann, wenn man persönlich und emotional involviert ist, wenn etwas Spaß und Freude bereitet und man sich mit anderen austauschen kann.

In diesem Zusammenhang ist es besonders wichtig, den Menschen in virtuellen Lernumgebungen Sicherheit zu geben. Angst verringert bekannterweise die kognitive Leistungsfähigkeit. Im Umkehrschluss erhalten Sie bessere Lernergebnisse, wenn sich Ihre Lernenden sicher und zugehörig fühlen.

Fragen, die Ihnen dabei helfen können, diesen Punkt bei Ihren Lernarrangements zu hinterfragen:

- Gibt es die Möglichkeit, mehr über andere Lernende zu erfahren?
- Werden die Lernenden persönlich begrüßt?
- Besteht die Möglichkeit, mit anderen Lernenden in Kontakt zu treten?
- Besteht die Möglichkeit des kooperativen Lernens?
- Begleitet jemand das Lernangebot?
- Gibt es synchrone oder asynchrone Hilfestellungen bzw. Fragemöglichkeiten?
- Haben Sie für ausreichend Informationsmaterial als Hilfestellung vor dem Start der Veranstaltung (Benutzerhandbuch, Erklärvideos etc.) gesorgt?
- Gibt es Informationen bzw. Zeit, um die zu beachtenden Regeln für den gemeinsamen Umgang im virtuellen Raum zu klären?

Menschen möchten sich einbringen und wachsen

Der bekannte Neurowissenschaftler Gerald Hüther bezeichnet das tägliche „Über-sich-Hinauswachsen“ und „Sich-entfalten-Können“ als neurobiologische Grundbedürfnisse. Das bedeutet für das Thema Lernen, dass wir Lernarrangements und Aufgaben so konzipieren müssen, dass sie mit etwas Einsatz auch immer gut bewältigbar sind. Es braucht dazu ein gewisses Fingerspitzengefühl, Lernen so zu gestalten, damit es fordert, ohne jedoch Über- oder Unterforderung zu erzeugen.

Dazu gehört das Wissen um die Funktionsweise unseres Gehirns, wie zum Beispiel die Tatsache, dass unser präfrontaler Cortex seriell arbeitet und er daher nur eine Sache gleichzeitig erledigen kann. Zu viele Aufgaben auf einmal überfordern unser Gehirn. Diese Tatsache sollten Sie im Auge haben, wenn Sie sich überlegen, ob Sie Ihren Lernstoff auf einmal oder sequenziell auf der Lernplattform freischalten.

Außerdem können Sie dieses Wissen aktiv nutzen, indem Sie den Lernenden die Möglichkeit zur Mitgestaltung ihres Lernprozesses überlassen. Wenn Sie in Ihren Lernarrangements asynchrone Einheiten, zum Beispiel Learning Nuggets, anbieten, geben Sie den Lernenden diese wichtige Mitgestaltungsmöglichkeit. Denn jeder kann dann für sich entscheiden, wann, wo und wie oft er diese nutzt.

Oder Sie gestalten Ihr Lernarrangement auf eine Art und Weise, bei der Sie nur die Rahmenbedingungen vorgeben, danach die Lernenden den Weg zum Ziel jedoch selbst erarbeiten lassen. Lernende sollten ihre Erfahrungen am besten immer selbst machen und eigene Lösungen finden, um sich bestmöglich entfalten zu können. Bauen Sie deshalb in solche Lernprozesse immer wieder Reflexions- und Feedback-Möglichkeiten ein, denn jede Erfahrung verfestigt sich dann optimal, wenn sie im Anschluss auch besprochen werden kann.

Aber achten Sie vor allem darauf, dass diese Erfahrungen nicht unter Zwang erfolgen! Im Stressmodus wird nur wenig gelernt und es kann kaum persönliches Wachstum stattfinden.

Die folgenden Fragen können Ihnen dabei helfen, diesen Punkt des Einbringens und Mitgestaltens Ihrer Lernarrangements zu hinterfragen:

- Sind die Module / Einheiten in gehirngerechte Portionen aufgeteilt?
- Werden verschiedene Kanäle genutzt: Bilder, Texte, Audio, Video?
- Wird die Aufmerksamkeit der Lernenden geweckt?
- Sind die Aufgaben und Problemstellungen für die Lernenden zu lösen?
- Werden die Lernenden veranlasst, Probleme und Fragen selbst zu formulieren?
- Gibt es die Möglichkeit, Lernende einen Teil des Contents generieren zu lassen?
- Sind kleine Reminder im Alltag geplant?
- Sind Reflexionseinheiten eingebaut?
- Gibt es Feedbackmöglichkeiten?

Vertrauen und ein positives Menschenbild

Menschen brauchen jemanden, der an sie glaubt. Unter diesen Bedingungen entfalten wir alle viel leichter und effektiver unser Potenzial und erreichen somit auch bessere Leistungen. Hinterfragen Sie als Bildungsverantwortliche*r oder Trainer*in doch einmal Ihr Menschenbild. Glauben Sie, dass man Menschen (auch beim Lernen) kontrollieren sollte, weil sie sonst nichts machen würden? Sich diese Frage sehr genau und ehrlich zu beantworten ist wichtig, wenn Sie den lernenden Menschen wirklich in den Mittelpunkt stellen wollen. Nur zu leicht könnten wir alle dazu tendieren, den Lernprozess aus einer misstrauischen Haltung heraus zu sehr zu bürokratisieren. Achten Sie bei Ihren Lernarrangements immer darauf, genau das zu vermeiden. Stellen Sie für die Lernenden vielmehr freigiebig alle notwendigen Ressourcen bereit, geben Sie ihnen Handlungsspielräume und erweisen Sie ihnen entsprechendes Vertrauen. Dieses Vertrauen ist eine Grundvoraussetzung für nachhaltiges digitales Lernen.

Die folgenden Überlegungen unterstützen Sie dabei, diesen Punkt des Vertrauens bei Ihren Lernarrangements zu hinterfragen:

- Haben die Teilnehmenden geeignete Rahmenbedingungen zum Lernen und auch die Zeit und den Freiraum, um das Gelernte umzusetzen?
- Ist die Umsetzung des Gelernten von den Führungskräften überhaupt gewollt?
- Sind Einladungsschreiben oder Texte in den diversen Kommunikationskanälen positiv und wertschätzend formuliert?
- Ist die Lernumgebung klar, übersichtlich und einladend strukturiert?
- Gibt es Möglichkeiten, sich mit den Lernenden auszutauschen, um ihnen gegebenenfalls weitere Ressourcen zur Verfügung zu stellen?
- Sind klare Bewertungsrichtlinien vorhanden?
- Werden ausreichend Unterlagen, Links, Videos etc. zur Verfügung gestellt?
- Sind die Lernanforderungen an das Vorwissen und die Fähigkeiten der Lernenden adaptiert?

Menschen brauchen Sinn

Leider wird diesem Umstand bei so manchen Lernangeboten kaum Rechnung getragen. In der Praxis erlebe ich es immer wieder, dass Verantwortliche meinen, der reine Umstand, dass ein Seminar organisiert wird und zur Verfügung steht, würde ausreichen, um freudig daran teilzunehmen. Das kann und wird nicht ausreichen. Es ist in diesem Zusammenhang essenziell, sich den Nutzen für die einzelnen Teilnehmer*innen vorab zu überlegen und ihn auch entsprechend zu kommunizieren, denn nur so ist ein effektiver Lerntransfer zu gewährleisten. Individuen lernen am besten, wenn sie einen direkten Bezug zum Thema, ihrem Beruf oder ihrem Leben herstellen können, also wenn der Sinn eindeutig erkennbar wird.

Wenn den Lernenden der Nutzen klar ist, zeigen sie mehr Leistungsbereitschaft und auch eine höhere Motivation, selbst bei Rückschlägen engagiert dranzubleiben.

Überlegungen, die Ihnen dabei helfen können, diesen Punkt bei Ihren Lernarrangements zu hinterfragen:

- Ist der Nutzen des Lerninhalts ersichtlich?
- Werden die Lernziele klar aufgezeigt?
- Sind die Aufgaben und Aufträge der Lernenden praxisrelevant?

- Besteht eine Auswahlmöglichkeit zwischen den verschiedenen Anspruchsniveaus?
- Erhalten die Teilnehmer*innen Orientierung über die voraussichtliche Dauer der einzelnen Selbstlernphasen und Aufgaben?
- Gibt es ausreichend Praxisbeispiele?
- Findet eine Ergebnissicherung am Ende statt?
- Findet eine Evaluation nach dem Lernprozess statt?

Stellen Sie in diesem Sinne also immer den MENSCHEN in das Zentrum all Ihrer anderweitigen Entscheidungen im Bereich digitales Lernen!

Anhang | Materialien und weiterführende Unterlagen

Überblick:

1. Methoden für unterschiedliche Seminarphasen
2. Lernzielkontrollen von E-Learning-Arrangements professionell erstellen
3. Anleitung von Gruppenarbeit im virtuellen Raum
4. Tipps für die Chat-Nutzung
5. Aufgaben von Online-Trainer*innen
6. Checkliste für die Vorbereitung und den Start Ihrer Live-Online-Veranstaltung
7. Erste Hilfe bei kleineren Technikschwierigkeiten in Live-Online-Seminaren
8. Checkliste für Orientierung und ein Gefühl der Sicherheit bei Online-Seminaren
9. Small Talk für den Online-Seminarstart
10. Ideen für die didaktische Umsetzung nach den drei Kompetenzarten
11. E-Learning – fünf große Irrtümer
12. Gesammelte Liste der Vorlagen, Dokumente und Ressourcen aus dem Buch

1. Methoden für unterschiedliche Seminarphasen

In den vorhergehenden Kapiteln habe ich Ihnen die erforderlichen Grundlagen für die erfolgreiche Erstellung von Lernarrangements vermittelt. In diesem Abschnitt möchte ich noch näher auf das WIE bei der Durchführung, also auf die konkreten Methoden, eingehen.

Methoden zum Warm-up / Kennenlernen

In dieser Phase geht es vorrangig darum, ein positives, motivierendes Arbeitsklima zu schaffen und Orientierung zu geben. Hier legen Sie den Grundstein für konstruktives Lernen. Ich habe Ihnen nachfolgend einige Ideen sowohl für synchrone als auch für asynchrone Lerneinheiten zusammengestellt.

Speed Dating

Für synchrone Veranstaltungen geeignet.

Für diese Methode benötigen Sie eine Webinar-Plattform, die Breakout-Räume zur Verfügung hat. In wechselnden Kleingruppen von drei bis fünf Personen tauschen sich die Teilnehmer*innen einige Minuten lang zu einem bestimmten Thema aus. Die Fragen sollten einfach und relevant für die Gruppe sein bzw. auf das Thema Bezug nehmen, wie zum Beispiel:

- Welche Inhalte des Kurses sind am wichtigsten und warum?
- Welche Erfahrungen gibt es bereits mit dem Thema?
- Welche Chancen sehen Sie in dem Thema?

Stimmungsabfrage

Für synchrone Veranstaltungen geeignet.

Bei manchen Webinar-Plattformen steht eine Auswahl an Emojis bereit, die Sie für eine schnelle Startrunde sehr gut verwenden können. Bitten Sie Ihre Teilnehmer*innen, ein für sie passendes Emoji auszuwählen und im Chat zu posten.

Sollte es diese Funktion nicht geben, greifen Sie doch einfach auf die analoge Papier-Bleistift-Variante zurück. Jeder Teilnehmer, jede Teilnehmerin visualisiert kurz auf einem Zettel mittels eines Symbols, wie es ihm aktuell geht, und hält diese Zeichnung dann in die Kamera.

Sie können aber auch meine digitalen Bildkarten (↗ https://spic.seminarconsult.at) dafür verwenden. Hier steht eine Auswahl an unterschiedlichen Verwendungsarten zur Verfügung.

Gegenseitiges Googeln

Für synchrone Veranstaltungen geeignet.

Falls sich die Teilnehmenden gar nicht oder nicht besonders gut kennen, ist diese Einstiegsübung empfehlenswert – sie kommt in der Praxis immer sehr gut an. Sie bestimmen vorab, wer über wen etwas recherchieren soll. Dafür erstellen Sie am besten eine PowerPoint-Folie mit den Namen (die korrekte Schreibweise aller Namen ist hier sehr wichtig!) und der Zuordnung, wer wenn googeln soll. Die Teilnehmer*innen bekommen ca. vier Minuten Zeit, um Wissenswertes und relevante Informationen zu den ihnen zugeordneten Personen im Internet zu recherchieren. Danach stellt jeder kurz seine Ergebnisse vor und die Person, über die recherchiert wurde, berichtigt oder ergänzt bei Bedarf. Sollte jemand gar nichts über eine bestimmte Person finden, so ist auch das eine relevante Information und kann in der Nachbesprechung aufgelöst werden.

Startfolie mit Bildern und Namen

Für synchrone und asynchrone Veranstaltungen geeignet.

Wenn Sie wenig Zeit für eine Vorstellungsrunde haben, können Sie eine Collage der Teilnehmenden oder eine Startfolie mit einem virtuellen Stuhlkreis zum Start der Veranstaltung erstellen.

Hier ein Beispiel:

Zusatznutzen bei synchronen Veranstaltungen: Sie können diese Startfolie auch bei Reflexionsrunden heranziehen und die Fragerunde entsprechend dem virtuellen Stuhlkreis zum Beispiel von links außen oder rechts außen beginnen, so wie Sie es aus Präsenzveranstaltungen kennen.

Prioritäten abfragen

Für synchrone und asynchrone Veranstaltungen geeignet.

Erstellen Sie vorab eine Liste mit möglichen Inhalten und lassen Sie diese den Teilnehmer*innen zukommen. Zum Beispiel mittels einer Like-Funktion, über die manche digitale Tools verfügen (z. B. Slido, Padlet), können Sie eine Priorisierung der Themen in der jeweiligen Seminargruppe vornehmen. Die Teilnehmenden denken auf diesem Weg darüber nach, was sie zum Thema lernen wollen.

Persönliches Symbol

Für synchrone und asynchrone Veranstaltungen geeignet.

Bitten Sie Ihre Teilnehmenden, ein Symbol für ein vorgegebenes Thema zu finden.

Es folgt ein Beispiel aus einer Online-Trainerausbildung, in der wir diese Übung in der asynchronen Pre-Work-Phase verwendet haben.

*Finden Sie ein Symbol, das charakteristisch für Ihre Persönlichkeit als Trainer*in ist. Auch wenn Sie über noch wenig Erfahrung im Training verfügen, haben Sie doch sicher eine Vorstellung davon, was Ihnen in dieser Funktion wichtig ist / sein wird und welche Stärken Sie einbringen können.*

Schreiben Sie ein paar Worte als Erklärung dazu, fotografieren oder scannen Sie das Symbol ein und laden Sie es auf der Lernplattform hoch.

In einer synchronen Veranstaltung mit Videobildern der Teilnehmenden können Sie zum Beispiel bereits im Vorfeld der Veranstaltung kommunizieren, dass die Teilnehmer*innen einen Gegenstand mitbringen sollen, der zu einer bestimmten Fragestellung passt. Zum gegebenen Zeitpunkt halten die Teilnehmenden die Gegenstände in die Kamera und stellen sich dabei vor. Die Reihenfolge könnte mittels der vorher beschriebenen Startfolie erfolgen. Es könnte auch jene Person, die an der Reihe war, die nächste Person bestimmen. Bei einer sehr großen Gruppe können Sie diese Runde in Kleingruppen durchführen lassen.

Blitzlicht

Für synchrone Veranstaltungen geeignet.

Voraussetzung ist, dass bei allen Teilnehmenden eine funktionierende Videoübertragungsfunktion installiert ist. Testen Sie vor der Übung kurz das Ein- und Ausschalten des Videobilds. So stellen Sie sicher, dass es technisch funktioniert, und auch, dass alle Teilnehmenden den richtigen Button nutzen.

Überlegen Sie sich vorab ein paar Fragen, die fürs Kennenlernen interessant oder auch witzig sind. Zum Start der Übung schalten alle die Kameraübertragung aus. Wenn jemand den Aussagen, die Sie vorlesen, zustimmt, schaltet er sich mit Video zu.

Beispiele für solche Aussagen:
- Ich bin mehr als fünf Jahre in diesem Beruf.
- Ich übe einen Mannschaftssport aus.
- Ich war schon einmal in den USA.
- Ich finde das Lied XY super.

Anstatt die Kamerafunktion ein- und auszuschalten, können die Teilnehmenden die Kamera auch mit einem Blatt Papier abdecken und bei Zustimmung das Blatt wegnehmen.

Landkarte

Für synchrone und asynchrone Veranstaltungen geeignet.

Bereiten Sie ein Bild / eine Folie mit einer Landkarte je nach Einzugsgebiet ihrer Teilnehmenden vor. Dieses können Sie über ein Whiteboard in der Webinar-Plattform synchron oder über ein Online-Whiteboard wie WhiteboardFox mittels Link in der Lernplattform den Teilnehmenden zur Verfügung stellen.

Bitten Sie die Teilnehmer*innen, mittels Kommentarfunktion einzuzeichnen, wo sie geboren wurden / aktuell wohnen / arbeiten etc. So können sie einen ersten Bezug zueinander herstellen.

Methoden zum Einstieg in ein Thema

Quiz

Für synchrone und asynchrone Veranstaltungen geeignet.

Starten Sie doch Ihr Lernangebot einmal mit einem Quiz. Indem sie prüfen, was sie bereits über die Thematik wissen bzw. zu wissen glauben, können die Teilnehmenden leichter eine Verbindung zum Thema aufbauen.

Sie können das Quiz auch so konstruieren und verwenden, dass die Fragen erst im Lauf des Lernprozesses beantwortet werden. Es erfolgt somit keine direkte Auflösung nach dem Ausfüllen der Quizfragen, sondern nur die Information, dass das Quiz am Ende noch einmal wiederholt wird.

Beliebte Quiz-Tools sind Slido, Mentimeter oder kahoot.

Stimmt's oder stimmt's nicht?

Für synchrone und asynchrone Veranstaltungen geeignet.

Mit dieser Methode lenken Sie Interesse und Aufmerksamkeit auf ein Thema. Die Teilnehmer*innen setzen sich so näher mit dem auseinander, was sie in diesem Kurs lernen werden.

Erstellen Sie zum Beispiel zehn Aussagen, von denen einige zu den Kursinhalten passen, andere jedoch nicht. Die Teilnehmenden sollen jene Aussagen auswählen, von denen sie denken, dass sie zu den Themen des Kurses passen. Im Lauf der Weiterbildung wird dann nach und nach aufgelöst, welches die richtigen Aussagen sind.

In einer Live-Online-Variante von „Stimmt's – stimmt's nicht?“ können Sie zum Beispiel auf einem digitalen Whiteboard zwei Felder vorbereiten. Mit dem Textwerkzeug wird das Feld A mit „Stimmt“ und das Feld B mit „Stimmt nicht“ versehen. Die Teilnehmenden benutzen hier die Optionen zum Kommentieren, zum Beispiel ein Stempelwerkzeug, und können so auf dem Whiteboard das Feld markieren, das sie für die richtige Antwort halten.

Sie können für diese Methode aber auch den Chat nutzen.

Abfrage auf Zuruf

Für synchrone Veranstaltungen geeignet.

Wir kennen diese Art der Wissensvermittlung aus Präsenzveranstaltungen, in denen der Trainer, die Trainerin die Beiträge auf einem Flipchart festhält. Das ist auch in Online-Seminaren einfach umzusetzen.

Dazu können Sie ein Whiteboard oder ein Word-Dokument nutzen. Hierfür wird zunächst das digitale Whiteboard oder ein neues Word-Dokument über die Funktion „Bildschirm teilen" für alle sichtbar gemacht. Visualisieren Sie Ihre Fragestellung auf dem Board oder im Dokument und stellen Sie anschließend Ihre Frage an die Seminargruppe. Die Anwesenden können sich über die Audiofunktion beteiligen. Die Beiträge werden dann der Reihe nach angehört und auf dem Whiteboard bzw. im Word-Dokument in Stichpunkten verschriftlicht. Anschließend können Sie bei Bedarf das Ergebnis anstelle eines klassischen Foto-Protokolls speichern.

Word Rap

Für synchrone Veranstaltungen geeignet.

In der Variante im Seminarraum werden auf Moderationskarten typische Begriffe oder Aussagen zum Thema notiert. Die Karten liegen mit der beschriebenen Seite nach unten, sodass die Teilnehmenden diese Begriffe nicht gleich sehen können. Ein Teilnehmer wählt eine Karte, liest den Begriff und sagt, was ihm dazu im Zusammenhang mit dem Thema spontan einfällt. Die anderen Teilnehmenden können danach auch ihre Gedanken dazu kundtun. Danach wählt eine weitere Teilnehmerin eine Karte und so weiter. Der Trainer, die Trainerin übernimmt hier die Moderationsrolle, achtet auf die Zeit und den roten Faden, eventuell ergänzt er wichtige Punkte.

Im Live-Online-Seminar können Sie die Moderationskarten zum Beispiel auf ein Flipchart kleben. Jede Karte hat eine Nummer auf der Rückseite. Richten Sie die Kamera so ein, dass die Teilnehmenden das Flipchart mit den Karten gut sehen können. Dann bitten Sie eine Person aus der Runde, eine Karte zu wählen, indem sie Ihnen eine der Nummern nennt. Drehen Sie nun die Karte um, lesen Sie sie vor und der Teilnehmer antwortet (s. o.).

Der Word Rap steht Ihnen aber auch in meinem Tool S.PIC zur Verfügung. Hier können Sie die Informationen der Karten vorab digital anlegen und die Methode über Bildschirm-Teilen zeigen und durchführen.

Transfermethoden

TIPP!

Weg mit dem erhobenen Zeigefinger! Es ist effektiver, den so wichtigen Transfer spielerischer anzugehen. Die Bildungsverantwortlichen sollten im Transferprozess weniger als Kontrolleure des Lernfortschritts, sondern vielmehr als Unterstützer auftreten. Formulieren Sie Tipps und Hilfestellungen wie: „Schau mal, ob du in nächster Zeit pro Tag zehn Minuten findest, dann fällt es dir leichter, wieder reinzukommen." Sie schaffen dadurch Vertrauen und positive Motivation. Und bedenken Sie: Lernen braucht Fehler!

Simplify! Machen Sie die Transferaufgaben so einfach wie möglich! Menschen brauchen positive Erfahrungen, also „Quick Wins", um dranzubleiben. Materialien wie „Schritt-für Schritt-Anleitungen" sind sehr hilfreich, da sie automatisch zu kleinen Schritten anleiten. Wenn Sie eine sehr heterogene Zielgruppe haben, können Sie die Teilnehmer*innen auch den Schwierigkeitsgrad der Aufgaben selbst wählen lassen, indem Sie zum Beispiel zwei unterschiedliche Aufgaben anbieten: eine „Drei-Minuten-Variante" und eine ausführlichere Version für all jene, die es wirklich wissen wollen.

Selbstverantwortung zum Thema machen

Für synchrone und asynchrone Veranstaltungen geeignet.

Den Lernern muss klar sein, dass sie selbst für ihre Veränderung verantwortlich sind. Trainerinnen und Trainer leisten ihren Teil und haben nach allen Regeln der Kunst ein tolles Design mit großartigen Übungen zusammengestellt. Hier fließt Ihre langjährige Expertise (Ausbildung, Praxiserfahrung und Erfahrung in der Vermittlung) mit ein. Natürlich ist das ein wichtiger Faktor für einen nachhaltigen Seminarerfolg.

Aber ein mindestens genauso wichtiger Anteil ist die Selbstverantwortung jedes / jeder Einzelnen. Weisen sie deshalb schon während der Ausbildung immer wieder darauf hin, dass die Angebote für Transferaufgaben angenommen werden sollten, um einen nachhaltigen Erfolg zu erzielen. Gerade beim Online-Lernen ist das so wichtig, da der soziale Druck der Seminargruppe aus dem Seminarraum fehlt.

*Kolleg*innen berichten von ihren Erfolgen*

Für synchrone und asynchrone Veranstaltungen geeignet.

Ähnlich wie Referenzen auf Webseiten können auch authentische Erfahrungsberichte von Teilnehmenden abgeholt und auf der Lernplattform oder einer Lern-App veröffentlicht werden.

Audioinput oder Video:

Für synchrone und asynchrone Veranstaltungen geeignet.

Sprechen Sie als Trainer*in direkt zu Ihren Teilnehmenden und geben Sie nochmals Umsetzungstipps oder sprechen Sie Ängste und Hürden bewusst an. Gerade in der Umsetzungsphase können Blockaden und Ängste bei den Teilnehmer*innen aufkommen.

Aus Erfahrung wissen Sie als Trainer*in, wie es den Lernenden in der Umsetzung geht, welche Hürden auftauchen mögen, und können sofort passende praktische Tipps geben, wie diese schwierigen Momente zu umschiffen sind. Wenn die Audio- oder Videobotschaft von Trainer*innen kommt, die die Teilnehmenden schon kennen, erhöht sich damit wieder ihr Commitment und es kann zum erwünschten Transfererfolg kommen.

Audio- oder Videonachrichten sind oft auch leichter verständlich als geschriebener Text und bringen außerdem mehr Menschlichkeit in den Lernprozess.

Transfercoach – mit Coaching Call:

Für synchrone und asynchrone Veranstaltungen geeignet.

Bauen Sie in Ihr Design auch 1:1-Coaching-Möglichkeiten ein. Sie können den Teilnehmer*innen bereits vorab Leitfragen zukommen lassen, wie zum Beispiel: „Welche Erfahrungen hast du schon gemacht? Was läuft gut, was weniger gut? Was hast du bisher getan, damit der Lernerfolg besser wird?" Diese Coaching-Calls sind ein probates Mittel, um auf die Wichtigkeit der Selbstverantwortung der Lernenden im Rahmen der Umsetzung aufmerksam zu machen.

Forum und Chat:

Für synchrone und asynchrone Veranstaltungen geeignet.

Nutzen Sie das Forum oder den Chat (auch nach Abschluss des Kurses), um Fragen der Teilnehmenden zu beantworten. Der Vorteil von Foren besteht darin, dass die Fragen und Antworten für alle sichtbar sind. Somit profitiert nicht nur die Person, die die Frage gestellt hat. Daraus ergibt sich abermals ein wichtiger Lerninput für alle.

Wenn es technisch machbar ist, wären zusätzliche Interaktionsmöglichkeiten wie Likes eine ideale Ergänzung. Diese entsprechen auch dem nützlichen Gamification-

Ansatz. Die Antworten auf die gestellten Fragen dürfen natürlich auch von den anderen kommen. So nutzen Sie das gesamte kreative Potenzial Ihrer Teilnehmer*innen!

Brief an den Vorgesetzten:

Für synchrone und asynchrone Veranstaltungen geeignet.

Die Teilnehmer*innen sind aufgerufen, sofort nach Durchführung des Seminars eine E-Mail an ihren direkten Vorgesetzten zu senden und ihn zum Beispiel in einem Monat um ein Gespräch zu bitten, um die eigenen Learnings aus dem Seminar zu besprechen. Erst nach einiger Zeit kann man in der Praxis sehen, was das Training gebracht hat. Um die Transferwahrscheinlichkeit zu erhöhen, können Sie Ihren Teilnehmer*innen dazu eine Muster-E-Mail zur Verfügung stellen.

*Kolleg*innen anrufen:*

Für synchrone und asynchrone Veranstaltungen geeignet.

Geben Sie Ihren Teilnehmenden die Aufgabe, sofort nach Ende des Kurses (oder auch am Ende eines Abschnitts) einen Kollegen oder eine Kollegin anzurufen und ihm oder ihr die eigenen drei größten Learnings aus den bereits absolvierten Abschnitten oder aus dem gesamten Seminar zu berichten.

Veränderungsbeobachter etablieren.

Für synchrone und asynchrone Veranstaltungen geeignet.

Schon im Vorfeld Ihres Kurses können Sie die Teilnehmenden auffordern, sich einen Kollegen oder eine Kollegin als Veränderungsbeobachter*in auszusuchen. Auch hier macht es Sinn, eine Muster-E-Mail zur Verfügung zu stellen, die Ihre Teilnehmer*innen dann nur noch an die betreffende Person weiterleiten müssen. Diese Mail könnte den folgenden Wortlaut aufweisen:

„Liebe/r XYZ, ich absolviere gerade ein Seminar zum Thema ABC. Bitte achte in den nächsten Wochen auf die folgenden drei Punkte (diese werden dann je nach Seminarthema formuliert) und gib mir Feedback dazu."

Spotlight:

Für synchrone und asynchrone Veranstaltungen geeignet.

Geben Sie Ihren Teilnehmer*innen einen Gegenstand mit, einen Baustein, ein Bild oder ein ähnliches Symbol. Dieses wirkt wie eine Art starker Anker und erinnert den Lernenden immer wieder an den Inhalt des Seminars oder an seine zukünftigen Vorhaben in der persönlichen und beruflichen Entwicklung.

Am besten eignen sich kleine Gegenstände oder Karten mit Botschaften, die sich die Teilnehmer*innen auf den Schreibtisch stellen oder auch an eine Pinwand hängen können. Da wir uns im Alltag leicht ablenken lassen, kann ein solcher Anker unseren Fokus immer wieder auf das bereits Gelernte lenken.

Gerade beim digitalen Lernen können analoge Gegenstände, die sie den Teilnehmenden zukommen lassen, eine besondere Wirkung entfalten. Wir versenden zum Beispiel am Ende eines unserer reinen Online-Kurse einen Holzwürfel mit Stift und einer kleinen Anleitung dazu. Die Teilnehmenden können auf den leeren Würfelseiten jeweils eine wichtige Botschaft aus dem Seminar visualisieren und zum Beispiel am Anfang der Woche damit das Wochenmotto oder die Wochenaufgabe würfeln.

Feedback

Feedback ist nicht nur am Ende, sondern auch während der Veranstaltung eine wichtige Methode, um Meinungen und Bedürfnisse der Teilnehmenden zu erfragen. Aus Präsenzveranstaltungen kennen Sie die verschiedensten Formen von Feedbackrunden. Die Teilnehmenden bekommen die Möglichkeit, sich zu Fragestellungen kurz zu äußern. Dabei bleiben die einzelnen Äußerungen unkommentiert nebeneinanderstehen. Auch in virtuellen Seminarwelten sollten wir auf diese Methode setzen.

Ein Blitzlicht-Feedback kann in Online-Seminaren in unterschiedlichen Varianten durchgeführt werden. Im Folgenden stelle ich Varianten vor, die sich ohne große Vorbereitungsarbeiten durchführen lassen.

- Umfragetools nutzen

  Für synchrone Veranstaltungen geeignet.

  In viele Webinar-Plattformen sind Umfragetools integriert; diese sind flexibel einsetzbar. Sie können Umfragen zumeist als Single-Choice- oder Multiple-Choice-Fragen erstellen und die Teilnehmenden beispielsweise über den weiteren thematischen Verlauf Ihres Live-Online-Seminars im Sinne einer Mehrheitsentscheidung abstimmen lassen. Nach der Abstimmung der Teilnehmenden können Sie das Ergebnis der Umfrage für alle sichtbar zur Verfügung stellen. Das ermöglicht Ihnen ein transparentes Vorgehen auf Grundlage der Bedürfnisse der Teilnehmer*innen.

- Emojis oder Handgesten in der Plattform nutzen

  Für synchrone Veranstaltungen geeignet.

  Sollten Emojis beziehungsweise Handgesten wie Daumen nach oben für „Ich stimme zu", Daumen horizontal für „Ich enthalte mich" oder „Ich bin neutral" und Daumen nach unten für „Ich stimme nicht zu" in der genutzten Webinar-Plattform enthalten sein, nutzen Sie diese doch einfach für eine spontane Blitzlicht-Rückmeldung der Teilnehmenden.

- Anonymes schriftliches Feedback via Padlet

  Für synchrone und asynchrone Veranstaltungen geeignet.

  Ausführlichere anonyme Rückmeldungen der Teilnehmenden am Ende des Workshops sind wichtig, um die eigene Trainerpersönlichkeit und die eigenen Angebote weiterentwickeln zu können. Den Chat oder eine E-Mail können Sie dafür nicht nutzen, weil beides nur mit namentlicher Zuordnung möglich ist. Stattdessen können Sie für anonymes Feedback zum Beispiel das Tool Padlet nutzen.

  Sie erstellen vorab ein Feedback-Padlet, in das die Teilnehmer*innen schreiben können, und geben Sie ihnen den Link bekannt. Dieses Padlet ist in Ihrem eigenen Account gespeichert und steht so auch für eine spätere Auswertung des Seminars zur Verfügung.

  Um sicherzustellen, dass die Teilnehmenden von der Möglichkeit einer anonymen Rückmeldung Gebrauch machen, sollten Sie während des Seminars Zeit dafür einplanen.

  Erklären Sie, dass aufgrund der Anonymität keine Rückschlüsse auf die Verfasser*innen gezogen werden können. Wenn Ihre Teilnehmenden noch nie mit Padlet gearbeitet haben, sollten Sie die Funktionen kurz erklären. Das können

Sie in einer Live-Online-Veranstaltung mittels Bildschirm-Teilen machen. Oder Sie verschicken ein kurzes Erklärvideo oder ein Dokument mit genauer Beschreibung.

- Blitzlicht-Feedback mit Visualisierung mittels S.PIC

  Für synchrone Veranstaltungen geeignet.

  Hierfür stehen Ihnen bei S.PIC zwei Möglichkeiten zur Verfügung: eine klassische Fünf-Sternebewertung oder der „Mood-Run". Beide Features sind geeignet, wenn es schnell gehen soll, Sie eine Visualisierung des Ergebnisses zeigen möchten und keine Emojis oder Handgesten im genutzten Webinar-Tool vorhanden sind.

  Sie teilen den Link zum gewünschten Feature im Chat und die Teilnehmenden können unkompliziert an der Befragung teilnehmen. Wenn alle geantwortet haben, können Sie über Bildschirm-Teilen die Gesamtbewertung für alle sichtbar machen.

Abschluss und Ausklang

Ein schöner Abschluss eines Live-Online-Seminars kann, falls in der Lernumgebung möglich, über die Galeriefunktion gestaltet werden. Auf diese Weise können sich alle Teilnehmenden noch einmal sehen, bevor sie sich verabschieden. Zudem kann man ganz einfach über einen Screenshot ein Erinnerungsfoto machen, was bei längeren Formaten wie Lehrgängen gerne genutzt wird.

Auch passende Musik zum Abschluss setzt nochmals einen positiven emotionalen Anker in einer synchronen Veranstaltung. Die gängigen Webinar-Plattformen bieten die Möglichkeit, den Computerton freizugeben, und über Musikstreaming-Dienste haben Sie vielfältige Auswahlmöglichkeiten.

Nach der offiziellen Verabschiedung empfehle ich, noch etwa 15 Minuten als Trainer*in in der Online-Umgebung zu bleiben, um für etwaigen abschließenden Gesprächsbedarf einzelner Teilnehmer*innen noch Zeit zu haben.

2. Lernzielkontrollen von E-Learning-Arrangements professionell erstellen

Im E-Learning Bereich wird oft viel zu schnell ein Multiple-Choice-Test zur Lernkontrolle gewählt, weil er sehr einfach computerunterstützt umzusetzen ist. Doch unsere erste Überlegung darf sich niemals an dem orientieren, was wir am einfachsten abbilden können, sondern daran, „was Lernerfolg eigentlich ist".

Grundsätzlich wird jeder Zuwachs an Kompetenzen als Lernerfolg angesehen. Und genau hier fängt die Schwierigkeit bei der Lernzielüberprüfung an. Denn dieser Zuwachs an Kompetenzen zeigt sich erst in konkreten Anwendungssituationen und ist oft am Ende eines Lernprozesses noch gar nicht vollständig erkennbar. Wünschenswert wären also Prüfungen, die den Anforderungen in realen Anwendungssituationen entsprechen. Solche jeweils aufzusetzen und in den Kontext zu bringen wird aber nicht immer möglich sein.

Deshalb wird Lernerfolg auch weiterhin zumeist im direkten Anschluss an die Lernprozesse gemessen und bewertet. Dabei sollten Sie jedoch berücksichtigen, dass Sie auf diese Weise nur Auskunft über die Lösung der Prüfungsaufgaben bekommen, nicht aber über die Fähigkeiten zum Transfer der erworbenen Kompetenzen. Der Vorhersagewert der Prüfungsergebnisse hängt maßgeblich davon ab, ob die Prüfungsaufgaben einen hohen Grad an Übereinstimmung mit den Aufgaben in der Praxis aufweisen.

Um den Lernerfolg praxisgetreuer abzubilden, können Sie auch begleitende Beurteilungen während eines Lernprozesses initiieren. Diese beziehen sich zum Beispiel auf bisher erreichte Zwischenergebnisse oder Handlungen, die der Lernende setzt. Als Formen von Lernzielkontrollen können zum Beispiel Beteiligungen an Online-Diskussionsforen, das Führen eines Online-Lerntagebuchs, die Absolvierung einer Gruppenaufgabe, Bearbeitung von Fallstudien etc. verstanden werden.

Bei der klassischen Lernzielkontrolle müssen in jedem Fall vorab die Parameter der Beurteilung – etwa die zu erreichende Punktzahl, die Mindestanforderungen etc. – intensiv überlegt und vor allem für alle Beteiligten transparent dargestellt werden. Sie können aber auch spielerische Lernzielkontrollen, etwa ein Quiz oder eine Gruppen-Challenge, einführen. Die Lernenden sollen so die Möglichkeit bekommen, ihre Fortschritte für sich selbst und auch im Bezug zu anderen Lernenden einzuschätzen und daraus entsprechende Schritte abzuleiten.

Da Multiple-Choice-Formate gerne zur Wissensüberprüfung, auch in spielerischer Form als Quiz, in Lernarrangements eingebaut werden, gebe ich Ihnen die folgenden Tipps zu einer professionellen Erstellung.

Professionelles Erstellen von Wissensüberprüfungen

Grammatikalische Richtigkeit

Die Fragen sollten inhaltlich und sprachlich einfach sein. Alle Antwortmöglichkeiten sollten grammatikalisch korrekt zur Frage passen.

Plausible Antwortmöglichkeiten

Achten Sie darauf, dass auch die falschen Antwortmöglichkeiten plausibel klingen. So können die richtigen Antworten nicht so leicht erraten werden.

Keine verneinten Fragen

Vermeiden Sie Negationen wie: „Welches ist keine Stadt in Amerika?" Das erschwert das Verständnis der Frage. Wenn Sie eine Verneinung verwenden, dann heben Sie sie sichtbar (z. B. unterstrichen) im Text hervor.

Länge der Antwortmöglichkeiten

Alle Antwortmöglichkeiten sollten ungefähr gleich lang sein. So vermeiden Sie, dass nur die richtige Antwort gut ausformuliert ist, was als versteckter Hinweis wirken könnte.

Unterschiedliche Fragetypen

Setzen Sie, abhängig vom Lernziel, unterschiedliche Fragetypen ein (Single Choice, Drag and Drop etc.).

Schwierigkeitsgrad der Fragen

Achten Sie auf den passenden Schwierigkeitsgrad. Lassen Sie zur Probe 1–2 Personen den Test ausfüllen, um zu sehen, wie schwer / leicht die Fragen für andere Personen sind.

Feedback

Geben Sie an, welche Antworten richtig oder falsch sind, und fügen Sie auch Erklärungen und Tipps hinzu.

Transparenz

Beurteilungskriterien und Beurteilungsmaßstäbe sowie die Art der Leistungskontrolle werden schon vor Beginn der Veranstaltung angegeben.

Position der richtigen Antworten

Variieren Sie die Positionen der Antwortalternativen zufällig. Wir tendieren nämlich dazu, die richtige Antwortmöglichkeit an die zweite oder dritte Stelle zu setzen.

3. Anleitung von Gruppenarbeit im virtuellen Raum

Virtuelle Gruppenarbeiten anzuleiten erfordert eine sehr präzise Vorgangsweise von Online-Trainer*innen, da das unmittelbare Feedback, das wir aus dem Präsenztraining kennen, wegfällt. In einem Präsenztraining haben wir verbale wie nonverbale Rückmeldungen der Gruppenmitglieder (fragende Blicke, direktes Nachfragen) und können etwaige Ungenauigkeiten in der Anmoderation sofort korrigieren. Im Online-Training ist es besonders wichtig, Arbeitsaufträge Schritt für Schritt anzuleiten und diese gegebenenfalls auch zu visualisieren.

Ideen, wie Sie der Gruppe den Auftrag bzw. die aktuelle Aufgabe mitgeben können:

- Visualisieren Sie den Auftrag auf einer PowerPoint-Folie und bitten Sie die Teilnehmenden, den Bildschirm abzufotografieren.
- Schreiben Sie den Auftrag in den Chat. Ihre Teilnehmer*innen können ihn bei Bedarf kopieren und am eigenen PC abspeichern.
- Nutzen Sie Online-Anwendungen wie Google Docs oder ein Padlet So können Sie den Teilnehmenden einen Link zu einem Dokument mit dem Auftrag zukommen lassen. Dies ist besonders bei komplexen Aufträgen eine empfehlenswerte Variante.
- Nutzen Sie eine eigene Lernplattform, auf der Sie Arbeitsaufträge für die Teilnehmer*innen hinterlegen können.
- Wenn die Webinar-Plattform es zulässt, können Sie Nachrichten und Dokumente in die Kleingruppe schicken.
- Klären Sie schon bei der Auftragsvergabe, wie das Ergebnis zu sichern ist, und sprechen Sie auch an, dass die Gruppe eine*n Gruppensprecher*in auswählen soll. Wenn Sie das nicht vorab tun, ernten Sie unter Umständen bei der Nachbesprechung nur gedehntes Schweigen im virtuellen Raum, weil sich keines der Gruppenmitglieder angesprochen fühlt. Eine spontane Übereinkunft, wer denn diese Aufgabe übernehmen könnte, ist aufgrund der fehlenden nonverbalen Signale ungleich schwieriger als in der Präsenz.

Eine gelungene Anleitung einer Gruppenarbeit ist für den Lerntransfer sehr wichtig, aber nicht das einzige Erfolgskriterium. Denn danach gilt es, die Ergebnisse aus den Gruppen zusammenzuführen und gemeinsam den Transfer zu sichern.

Ideen, wie die Gruppe die Ergebnisse dokumentieren und anschließend besprechen kann

- Auch im Online-Raum können Papier und Bleistift verwendet werden. Die Teilnehmer*innen schalten sich nach der Gruppenarbeit im Plenum mit dem Audio frei und lesen vor, was sie notiert haben. Als Trainer*in können Sie die wichtigsten Punkte mitnotieren, zum Beispiel in einem Word-Dokument am geteilten Bildschirm. Sie können aber auch am Flipchart mitschreiben, wenn Sie Ihre Kamera entsprechend positionieren.
- Die Teilnehmenden können in der Kleingruppe ein Word-Dokument erstellen, das sie anschließend über die Funktion Bildschirmteilen herzeigen und besprechen.
- Die Teilnehmer*innen können ihre Punkte in anderen Online-Anwendungen abspeichern, zum Beispiel auf einer digitalen Pinnwand wie Padlet oder oncoo. Das setzt natürlich voraus, dass Sie als Trainer*in diese digitale Pinnwand vorab einrichten und den Teilnehmenden zur Verfügung stellen. Über die Bildschirmfreigabe rufen Sie nach der Gruppenarbeit die entsprechende Anwendung auf und jeweils ein*e Gruppensprecher*in erläutert die einzelnen Punkte.

4. Tipps für die Chat-Nutzung

Das Arbeiten im Chat ist uns im Grunde sehr vertraut. Privat nutzen wir alle schon lange Chat-Funktionen, zum Beispiel die von WhatsApp oder anderen Messengerdiensten. Diese Form des Austauschs ist ein täglicher und selbstverständlicher Begleiter unserer Kommunikation geworden.

Für manche hat die Nutzung des Chats allerdings einen negativen Beigeschmack. Sie finden die Kommunikation zu knapp, zu direkt oder auch unpassend und eventuell fehlerhaft. Rechtschreibung und Satzbau werden bei dieser Kommunikationsform nicht so wichtig genommen. Aber genau darin liegt ihr Vorteil. Der Chat-Talk hat damit große Ähnlichkeit mit einem persönlichen Gespräch, in dem häufig die Sätze auch nicht alle vollkommen korrekt ausformuliert werden. Ein weiterer Vorzug ist, dass die Kommunikation asynchron läuft. Jeder kann für sich entscheiden, ob und wann er antworten möchte. Außerdem können Links oder Dokumente schnell geteilt werden (solange das in einer DSGVO-konformen Webinar Plattform geschieht) und auch Emotionen lassen sich durch die Vielzahl an Emoticons und GIFs gut transportieren.

Der Chat alleine reicht natürlich nicht für eine gute Kommunikation. Doch in Kombination mit einer professionell moderierten Live-Online-Veranstaltung kann er äußerst hilfreich sein.

Eine Chatfunktion steht in allen bekannten Webinar-Plattformen zur Verfügung und kann sehr nutzbringend eingesetzt werden. Die folgenden Punkte sollten aber unbedingt beachtet werden, damit der Chat seine positiven Seiten auch vollumfänglich ausspielen kann.

Alle Teilnehmenden sollten mit dem echten Namen eingeloggt sein, um z. B. Chatnachrichten entsprechend zuordnen zu können.	Halten Sie sich kurz und Ihre Sätze einfach und unkompliziert. Komplexe Themen gehören nicht in den Chat!
Referenzieren Sie im Chat auf den Schreiber einer Nachricht: „Gerhard, ich bin ganz deiner Meinung …“	Wenn die Möglichkeit besteht, ausgewählten Personen – z. B: nur dem Trainer – eine Nachricht zu senden, dann nutzen Sie das, um nicht alle Punkte öffentlich diskutieren zu müssen.
Zeigen Sie, dass Sie zuhören und verstehen. Aussagen, wie „Ich verstehe“ oder „O. k.“ finden sich in echten Gesprächen und sollten daher auch beim Chatten benutzt werden.	Bei Live-Online-Seminaren ohne Video bietet der Chat Orientierung. Bitten Sie die Teilnehmer*innen, sich zu melden, wenn sie aus einer Pause wieder zurück sind oder wenn sie während des Vortrags kurz wegmüssen.
Bei langen Statements kann es hilfreich sein, sie zu unterteilen: einen Teil absenden und z. B. durch drei Punkte andeuten, dass noch etwas folgt.	Nutzen Sie Emojis, falls vorhanden. Sie machen den Chat emotionaler. Aber bitte nicht inflationär, z. B. nach jedem Statement einen zwinkernden Smiley setzen.
Das Thema Datenschutz sollte immer berücksichtig werden. Sensible Daten gehören keinesfalls in den Chat.	

Übersicht: Tipps für die Chat-Nutzung

5. Aufgaben von Online-Trainer*innen

Die Aufgaben von Online-Trainer*innen bzw. Online-Moderator*innen sind sehr vielfältig und erfordern von Ihnen verschiedene Kompetenzen und Fähigkeiten. Diese unterschiedlichen Aufgaben lassen sich vier verschiedenen Bereichen zuordnen. Die folgenden Tipps zu den einzelnen Bereichen sollen Ihnen einen schnellen Überblick geben.

Didaktische Aufgaben	Bei der Gestaltung von Live-Online-Seminaren geht es nicht darum, Ihre bisherigen Präsenzveranstaltungen eins zu eins in den virtuellen Raum zu verlagern. Entwerfen Sie neue Szenarien, die zu den spezifischen Bedingungen der digitalen Medien und zu Ihrem Lernziel passen. Überlegen Sie, welchen Mehrwert ein Online-Szenario haben könnte, bevor Sie sich für dieses Format entscheiden.
Organisatorische Aufgaben	In der Online-Moderation sollten Sie darauf achten, die Lernenden durch die (neue) Situation nicht zu überfordern. Bedenken Sie, dass sie sich nicht nur inhaltlich mit dem Thema auseinandersetzen müssen. Sie müssen auch mit den technischen Gegebenheiten zurechtkommen und die Besonderheiten der Online-Kommunikation kennenlernen. Es ist daher sehr wichtig, den Lernenden Unterstützung zu geben.
Emotionale Aufgaben	Gruppengefühl und aktive Teilnahme bzw. Interaktion stellen sich in Online-Seminaren nicht automatisch ein, sondern müssen, wie auch bei Präsenzseminaren, aktiv gefördert werden. Die Online-Kommunikationssituation ist aufgrund fehlender nonverbaler Hinweise anonymer und eingeschränkter. Daher ist es wichtig, die Lernenden durch aktive und lebendige Abläufe zu unterstützen.
Inhaltliche Aufgaben	Damit Inhalte klar, verständlich und im Zusammenhang zu bestimmten Themenbereichen verstanden werden, sollten Sie als Online-Trainer*in u. a. auf den roten Faden in der Diskussion und auf die Einhaltung von Kommunikationsregeln achten. Fassen Sie bisherige Inhalte immer wieder zusammen und zeigen Sie auf, an welchem Punkt die Diskussion gerade steht.

6. Checkliste für die Vorbereitung und den Start Ihrer Live-Online-Veranstaltung

 Steigen Sie mindestens 30 Minuten vor dem Start ein, um alle Vorbereitungsarbeiten in Ruhe erledigen zu können.	 Reduzieren Sie Geräusche am Arbeitsplatz (Fenster schließen, Nicht-stören-Schild an die Tür, Info an die Kollegen / Familie etc.).
 Öffnen Sie im Voraus alle Dokumente und Webseiten, die Sie brauchen. Schließen Sie alle anderen Programme.	 Legen Sie sich Ihren Ablaufplan, Block, Stift, Wasser etc. zurecht, um alles griffbereit zu haben.
 Ihr Handy (lautlos gestellt) sollte in Reichweite liegen, falls Sie ein TN im Notfall kontaktieren möchte.	 Checken Sie, ob der Ton für alle gut funktioniert (z. B. mittels Umfragetool oder Chat).
 Erklären Sie im Voraus die Kommunikationsregeln im virtuellen Raum (Audio an? Video an? Wortmeldungen – wie?).	 Im Falle einer Aufzeichnung, sprechen Sie diesen Punkt unbedingt zu Beginn an und holen Sie sich ggf. das Einverständnis der Anwesenden.
 Klären Sie am besten vorab mit dem Auftraggeber die Rechte (Host, Co-Host) im virtuellen Raum und deren Bedeutung.	

7. Erste Hilfe bei kleineren Technikschwierigkeiten in Live-Online-Seminaren

- Wenn die Internetverbindung schwach ist, kann es helfen, die Kamera auszuschalten. Allgemein ist eine Verbindung über LAN-Kabel stabiler als über WLAN.
- Wenn Videoübertragungen wiederholt „einfrieren“ oder Teilnehmer*innen abgehackte Kommunikationsfetzen oder gar nichts hören, hilft es manchmal, wenn sie das Meeting verlassen und sich erneut anmelden.
- Wenn Teilnehmer*innen nicht gehört werden, ist entweder das Mikrofon auf „lautlos“ („mute“ = durchgestrichenes Mikrofonsymbol) gestellt oder der Computer hat das falsche Audiogerät gewählt. Welches Audiogerät gewählt wurde, sieht man in den Audioeinstellungen der Webinar-Plattform. Diese befinden sich zumeist neben dem Mikrofonsymbol.
- Wenn eine teilnehmende Person aufgrund von Bandbreitenproblemen per Audio nicht zu verstehen ist, sie jedoch alles im Seminar Gesprochene und Gezeigte sehen und hören kann, kann sie sich über Chatfunktion einbringen.
- Wenn Umfragen bei einer Person nicht angezeigt werden oder die Kommentierfunktion beim Whiteboard nicht zur Verfügung steht etc., liegt es oft daran, dass die Teilnahme über die Browserfunktion erfolgt. In den meisten Webinar-Plattformen gibt es – abhängig von der Teilnahme über Browser oder die App – Unterschiede in der Funktionalität. Deshalb ist es generell gut, wenn sie einen Plan B für besonders wichtige Übungen / Interaktionen haben.

Sollte keiner dieser Tipps das Problem beheben und sollten Teilnehmer*innen deshalb die Online-Veranstaltung verlassen müssen, könnten Sie wichtige Teile der Veranstaltung aufnehmen und den Teilnehmenden danach zur Verfügung stellen – das Einverständnis der anderen vorausgesetzt.

8. Checkliste für Orientierung und ein Gefühl der Sicherheit bei Online-Seminaren

 Senden Sie Vorabinfos an die TN: technische Infos, wie die Webinar-Plattform installiert wird; welches Equipment vonnöten ist, ob die TN per Video zugeschaltet werden etc.	 Bieten Sie die Möglichkeit eines Technikchecks vor der Veranstaltung an (z. B. am Vortag oder 30 Minuten vor Beginn).
 Geben Sie den TN Zeit fürs Ankommen: zum Einrichten des Videobilds, um herauszufinden, wo / wie man das Mikro und die Kamera ein- und ausschalten kann, wo sich der Chat befindet und wie man ihn benutzt.	 Als Trainer*in sollten Sie ruhig und unaufgeregt durchs Programm führen (vorab üben, Plan B bereithalten). Holen Sie die TN mit Small Talk ab und investieren Sie in eine gute Atmosphäre.
 Ermöglichen Sie eine Orientierung bezüglich der anwesenden TN, falls dies nicht bekannt ist. Je länger Ihre Online-Veranstaltung dauert, umso mehr Zeit können Sie auch für dieses „Kennenlernen“ investieren.	 Besprechen Sie zu Beginn die Netiquette: Wie sollen Wortmeldungen erfolgen: Handsymbol, Chat, Audio? Audio aus, wenn jemand nicht das Wort hat; bei Wortmeldungen kurz den eigenen Namen nennen; wenn ein TN weg muss, kurze Info in den Chat etc.
 Stellen Sie die Agenda am besten visuell vor, inklusive regelmäßiger Pausen. Online-Arbeit ist aufgrund der starken Fokussierung anstrengender als eine Präsenzveranstaltung. Wenn Pausen bekannt sind, können die TN besser mit ihrer Aufmerksamkeit haushalten.	

9. Small Talk für den Online-Seminarstart

Gerade zum Start Ihres Seminars oder Ihrer Live-Online-Trainings legen Sie den Grundstein für die Atmosphäre Ihrer Veranstaltung – und dabei spielt nun einmal auch der Small Talk eine wesentliche Rolle.

In dieser ersten Phase Ihrer Veranstaltung, die vielleicht nur ein paar Minuten dauert, geht es noch nicht darum, inhaltlich einzusteigen. Es ist auch noch nicht der Moment, die Agenda oder organisatorische Dinge im Detail zu besprechen. Hier geht es um den reinen Beziehungsaufbau mit den Teilnehmenden und darum, eine Wohlfühlatmosphäre zu schaffen.

Ich plädiere immer wieder dafür, dass der Online-Raum Menschlichkeit braucht! Hier sind wir als Trainer*innen speziell gefordert, diese Menschlichkeit auch tatsächlich einzubringen.

Vielen Menschen fällt Small Talk schwer. Schon bei Präsenzveranstaltungen ist es nicht immer leicht, passende Themen zu finden. Im virtuellen Raum ist das für manche noch viel schwieriger, da sie gar kein tatsächliches Gegenüber haben. Manchmal gibt es nicht einmal die Kamerabilder der Teilnehmenden.

Einige Ideen für lockere Small-Talk-Themen

Das Wetter – was sonst? Das typische belanglose Plaudern ist auch im virtuellen Raum möglich. Sie können zum Beispiel über das Wetter „sprechen“: *„Ich sitze in Wien in meinem Büro, wir haben heute 35 Grad. Es ist echt wahnsinnig heiß. Ich bin gespannt, wie es bei euch ist. Vielleicht wollt ihr mir ein paar Stichworte im Chat dazu schreiben.“* Hier können Sie Dinge ansprechen, die aktuell sind und wahrscheinlich Ihre Teilnehmenden genauso betreffen wie Sie selbst. Sagen Sie immer wieder mal ein oder zwei Sätze, dann eine Pause, dann wieder ein bisschen Geplauder …, bis es dann offiziell losgeht.

Unterstützende Hinweise: Eine weitere Möglichkeit besteht darin, im lockeren Plauderton den Teilnehmenden bereits einige Hinweise zu geben. Zum Beispiel: *„Falls Sie noch nicht daran gedacht haben, und Sie wollen es sich noch etwas gemütlich für die nächsten 90 Minuten unseres Seminars machen, dann haben Sie jetzt noch ein paar Minuten Zeit, um sich einzurichten. Holen Sie sich vielleicht einen Kaffee oder ein Glas Wasser.“* Oder: *„Wie Sie der Einladung entnehmen konnten, werden wir heute auch mit dem Smartphone arbeiten. Sollte Ihres gerade nicht griffbereit sein, legen Sie es bitte zurecht.“* Mit diesen lockeren, aber doch wichtigen Aussagen können Sie die weitere Zeit bis zum Start Ihrer Veranstaltung gut überbrücken.

Small Talk über den Chat: Eine weitere Möglichkeit könnte darin bestehen, den Chat für Small Talk zu nutzen. Ich fordere meine Teilnehmenden oft auf: „*Wer möchte, kann mir jetzt in den Chat schreiben, was er sieht, wenn er aus dem Fenster blickt.*" Einige Teilnehmende schreiben dann motiviert drauflos und daraus ergibt sich ein weiteres Small-Talk-Thema ganz von selbst. Sie müssen einfach nur den Ball aufnehmen! Mit der Zeit und zunehmender Routine wird Ihnen all dies sehr leichtfallen.

Wie Sie sehen können, ...: Sprechen Sie doch über Ihren visuell sichtbaren Hintergrund. Vielleicht befindet sich im Raum etwas, das Sie gerne herzeigen möchten. Das könnte zum Beispiel ein Prospektständer sein: „*Wir haben übrigens gerade brandneue Folder bekommen, ich bin ganz stolz drauf.*" Oder Sie haben vielleicht ein Flipchart im Hintergrund, auf dem Sie schon etwas visualisiert haben. Vielleicht wollen Sie darüber kurz etwas erzählen, auf rein informative Art und Weise und ohne den Inhalt vorwegzunehmen.

Sie sehen: All das, was man von Präsenzveranstaltungen im Small Talk kennt, können Sie auch im virtuellen Raum umsetzen. Zugegebenermaßen ist es vielleicht ein bisschen ungewöhnlich, vor allem dann, wenn wir keine Videobilder unserer Teilnehmenden sehen. Sie werden aber merken, dass die Teilnehmenden Ihnen diese Initiative danken. Ich habe das vielfach ausprobiert und immer die explizit positive Rückmeldung meiner Teilnehmenden erhalten, dass sie sich von Anfang an wohlgefühlt hätten.

10. Ideen für die didaktische Umsetzung nach den drei Kompetenzarten

Kompetenzart	Relevanz fürs Lernen	Ideen für die didaktische Umsetzung
Wissen	Durch Wissen Orientierung und Sicherheit erlangen	■ Einen Mix aus Vortrag und selbstorganisiertem Lernen einbauen ■ Experten-Input ■ Fallbeispiele ■ Gruppenarbeiten
Einstellungen / Wollen	Meinen Nutzen daraus erkennen	■ Nutzen / Vorteile schon in der Einladung und zum Start des Trainings kommunizieren ■ Selbstreflexion anregen (Bögen mit entsprechenden Fragen einbauen, Zeit für Reflexionsrunden einplanen) ■ Positive Erfahrungsberichte reinholen (aus der Gruppe, aus anderen Seminaren) z. B. mittels Videos oder Live-Bericht
Fertigkeiten	Praxisrelevante Kompetenzen nachhaltig aufbauen	■ Übungssequenzen während des Trainings einbauen ■ Transferzeit einplanen (Austauschtermine, Forumsbegleitung etc.) ■ Ideen aus dem Anhang hier im Buch unter „Transfermethoden“ auf Seite 148 ff. ■ Checklisten, Tutorials, weiterführende Informationen zur Verfügung stellen

Je nach Ziel der entsprechenden Weiterbildung gilt es, den richtigen didaktischen Mix daraus zu gestalten. Ein Verhaltenstraining z. B. „Lösungsorientierte Gesprächsführung als Führungskraft“ wird einen höheren didaktischen Anteil an Methoden aus dem Bereich „Fertigkeiten“ brauchen als ein rechtliches Training zum Thema der EU-Datenschutz-Grundverordnung (DSGVO).

11. E-Learning – fünf große Irrtümer

Wenn Sie das Buch komplett durchgearbeitet haben, kennen Sie die folgenden Punkte vermutlich schon. Mir sind sie jedoch so wichtig, dass ich an dieser Stelle noch einmal die fünf Irrtümer zusammenfassen möchte, die ich bei der Einführung moderner Lerndesigns immer wieder wahrnehme und die Sie unbedingt vermeiden sollten, um Frustrationen bei allen Beteiligten vorzubeugen.

E-Learning-Irrtum 1: Bisher als Präsenzseminar angebotene Inhalte können 1:1 im virtuellen Raum abgebildet werden

Gehen Sie bei der Umstellung auf neue Formate niemals 1:1 von Ihren bisherigen Konzepten aus. Vergessen Sie Ansätze wie: „Wie kann ich mein zweitägiges Präsenz-Seminar online abbilden?“ Das wird nicht funktionieren. Nutzen Sie die Gunst der Stunde und denken Sie Ihr Konzept völlig neu und innovativ. Denken Sie dabei so, als hätte es die Präsenz-Variante Ihres Seminars nie gegeben.

Bei jedem neuen Lernprojekt, das Sie sich vornehmen, sollten Sie die Chance nutzen, auf die aktuell notwendigen Veränderungen beim Lernen und Lehren einzugehen. Dies betrifft Konzepte, Lehrformen sowie Lernszenarien und deren zeitlichen und organisatorischen Ablauf. Alles muss komplett neu gestaltet und neu gedacht werden: die Struktur und Aufbereitung der Lernmaterialien, die Formulierung der Aufgabenstellungen, die Betreuung der Lernenden und die Kommunikation mit ihnen.

Gerade zu Beginn der Umstellung gilt: Lassen Sie sich nicht überwältigen von der aufkommenden Euphorie im Zusammenhang mit den vielen neuen Möglichkeiten. Handeln Sie nach dem Prinzip der kleinen Schritte. Ihr neues E-Learning-Angebot darf und soll sich langsam und bewusst entwickeln. Außerdem muss es immer den in Ihrem Unternehmen gerade geltenden Rahmenbedingungen entsprechen.

E-Learning-Irrtum 2: Interaktion passiert im virtuellen Raum von selbst

Es reicht leider nicht, ein Forum oder einen Chat einzurichten und davon auszugehen, die Teilnehmer*innen werden diese Angebote rege nutzen. Bildungsverantwortliche und Trainer*innen müssen hier aktiv steuern und selbst präsent sein. In unseren Kursen achten wir darauf, vor allem zu Beginn als Trainer*innen sichtbar zu sein und mit eigenen Posts die Kommunikation anzukurbeln. Dazu eignen sich Fragen, Berichte über eigene Erfahrungen oder aktuelle, zum Thema passende Links. Wir wollen das Signal geben: „Hier tut sich etwas! Es lohnt sich, aktiv zu sein!“

Wenn es zudem möglich ist, auf einer Lernplattform sichtbar zu machen, wer gerade online ist (das kennen wir von manchen Social-Media-Plattformen), erleichtert diese Funktion den Teilnehmenden die Kontaktaufnahme untereinander.

Ich fordere außerdem als Aufgabe ein, dass die Teilnehmer*innen im Forum etwas zu ihren Erwartungen und zu den eigenen Lernerfahrungen posten oder dass jede*r zu mindestens zwei oder drei Einträgen der Kolleg*innen ein Statement abgibt. So locke ich die Lernenden zumindest einige Male sicher ins Forum. Den Rest erledigt das positive Gefühl, dass jemand ihren Eintrag wahrnimmt und kommentiert. Spätestens nach dieser ersten geplanten Intervention laufen die Einträge in den Foren und Chats wie von selbst.

E-Learning-Irrtum 3: Die Technik ist wichtig, menschliche Aspekte sind eher zweitrangig

Viele Trainer*innen und Personalentwickler*innen fokussieren sich derzeit sehr stark auf den technischen Aspekt des Online-Lernens. Dabei vergessen sie den Menschen hinter der Technik. Wir Menschen sind soziale Wesen, unser Denken und Verhalten ist stark von Gruppenzugehörigkeit geprägt. Auch die fortschreitende Digitalisierung wird daran nichts ändern. Deshalb ist mir die Humanisierung der Lernwelten ein besonders großes Anliegen!

Wir dürfen die Lernenden mit ihren Bedürfnissen keinesfalls aus den Augen verlieren, wenn wir wirkungsvolle Lernangebote konzipieren wollen. Dazu gehört einerseits der persönliche Auftritt als Trainerpersönlichkeit: Wie präsent bin ich als Trainer*in auch in asynchronen Phasen? Wie ist meine Kommunikation im Online-Raum? Und es betrifft zum andern vor allem auch das Seminardesign und inwieweit dieses eine Interaktion und Kollaboration zulässt.

Durch die Corona-Krise waren wir auch in meinem Unternehmen gezwungen, unsere Lehrgänge ausschließlich online durchzuführen. In dieser reinen Online-Zeit bekamen wir oft das Feedback, dass unsere persönliche Betreuung im Rahmen des Forums als sehr positiv empfunden wurde. Diese Rückmeldungen bestätigen mich in meiner Forderung nach mehr menschlicher Präsenz im Online-Raum.

E-Learning-Irrtum 4: Bearbeitungszeit = Lernzeit

Zeit ist in der Arbeitswelt eine wichtige Kategorie. Deshalb werden auch Lernzeiten berechnet und gemessen und Bildungsprozesse werden dahingehend optimiert. Leider wird dabei oft vergessen, dass sich Lernen nicht einfach mechanistisch „vertakten“ lässt. Lernen braucht seine Zeit.

Der zeit- und ortsunabhängige Zugriff auf Lernressourcen verspricht höhere Effektivität bzw. eine kürzere Lernzeit. Doch Achtung: Die Bearbeitungszeit darf nicht mit dem wirklichen Lernen verwechselt werden. Lernen bedeutet, Zeit zu lassen und zu geben, sich Zeit zu nehmen. Lernen braucht Zeit, es bedarf des Innehaltens und der Reflexion.

Kurze Lerneinheiten zwischen drei und 15 Minuten, *Micro Learnings* oder auch *Learning Nuggets* genannt, stehen auf der Hitliste des Online-Lernens ganz oben. Hierbei handelt es sich um kurze Lernvideos, Podcasts, Quizze oder Texte. Sie fügen sich flexibel in die kleinen Freiräume unseres (Arbeits-)Lebens ein.

Doch auch wenn sich – sinnvollerweise – Arbeit und Lernen immer stärker vermischen, sollten Sie beim Erstellen von Lernarrangements darüber nachdenken, für welche Inhalte welche Zeiten am besten geeignet sind. Alles, was tiefe Reflexion und Abstand zum Nachdenken braucht, sollte in Phasen außerhalb der Arbeitszeiten verlagert werden.

Grundsätzlich muss es ausreichend Zeit fürs Lernen geben, denn Lernen braucht Muße! Zeitdruck und Stress sind für alle Lernprozesse höchst kontraproduktiv.

E-Learning-Irrtum 5: Modern aufbereitete Lerninhalte motivieren Menschen zum selbstorganisierten Lernen

Im Zuge all der neuen Lernprojekte, die ich in den letzten Jahren betreuen durfte, hat sich eines ganz klar gezeigt: Es verirrt sich niemand zufällig in ein E-Learning-Programm, und die Begeisterung bei der Einführung komplett neuer Formate hält sich zumeist in Grenzen. Neues macht vielen Menschen Angst.

Ob moderne Lernarrangements funktionieren, hängt wesentlich auch davon ab, wo die Teilnehmenden stehen und ob sie motiviert mitmachen wollen und werden. Auch wenn Programme in anderen Firmen noch so großartig aussehen und dort funktionieren, heißt das nicht, dass sie auch in Ihrer Firma gut laufen werden. Ihr Programm muss punktgenau und stimmig zu Ihrem Bedarf, Ihrer Zielgruppe und vor allem zu Ihrer Unternehmenskultur passen!

Unternehmen müssen im Rahmen ihres E-Learning-Prozesses vermehrt darauf achten, ihre Mitarbeiter*innen vollumfänglich an Bord zu holen, und müssen sich zum Beispiel fragen: Haben die Lernenden überhaupt die Selbstkompetenz, mit Digitalisierung und dem daraus resultierenden Lernen wirkungsvoll umzugehen? Diese Themen müssen unternehmensintern unbedingt adressiert und bearbeitet werden – und dafür braucht es neben einem entsprechenden Budget auch viel Fingerspitzengefühl.

Lerngewohnheiten verändern sich nicht von heute auf morgen. Bei der Einführung neuer Lernformen müssen die gewohnten Muster und Lernbiografien berücksichtigt werden. Auch der schon lange geforderte Lernkulturwandel im Sinne von mehr Eigenverantwortung der Lernenden braucht Zeit. Was in der Theorie so einfach und schön klingt, ist für viele Menschen zunächst völlig fremd und völlig ungewohnt. Was sie kennengelernt haben, sind Vorgaben für Umfang und Inhalt des Lernens, früher in der Schule durch Lehrer*innen, später im Betrieb durch Führungskräfte oder Trainer*innen. In den modernen Lernprozessen sollen die Lernenden sich plötzlich die Lernzeiten selbst einteilen und auch noch selbst für ihre Motivation sorgen. Mit solchen Prozessen haben etliche Menschen noch keine Erfahrungen gemacht und sie konnten daher auch keine entsprechenden Strategien entwickeln. Insofern sind hier von Unternehmensseite Geduld und Verständnis gefragt.

Auch wichtig: E-Learning-Formate stärker promoten!

Was ich mir in Zukunft unbedingt wünsche, ist eine erhöhte Vermarktungskompetenz bei der Ausschreibung und Durchführung von Lernprojekten. Das können motivierende Seminarankündigungen oder Statements von Kolleg*innen sein, die von ihren Erfolgen nach einem absolvierten Lernangebot berichten. Ähnlich den Referenzen auf Webseiten werden diese Statements via Video, Audio oder Text den neuen Teilnehmenden zur Verfügung gestellt. Auch Videostatements der Trainer*innen kommen vorab gut an und machen Lust auf die erste Veranstaltung. Und natürlich sollten alle Einladungstexte immer inspirierend und menschlich formuliert sein.

Praxiserfahrung: Positive Lernerfahrungen schaffen Begeisterung

Bei aller anfänglichen Skepsis und Ablehnung, die ich zum Beginn neuer Lernarrangements erlebt habe, erwies sich das Lernen im virtuellen Raum letztlich doch für alle Beteiligten als positive Erfahrung und war ein großer Erfolg. Bei denen, die bei einem guten Lernformat aktiv mitgemacht hatten, waren alle Bedenken verflogen und die Begeisterung für das Online-Lernen war fortan groß.

Es muss uns also gelingen, die neuen Formate schmackhaft zu machen! Der Rest spricht dann für sich.

12. Gesammelte Liste der Vorlagen, Dokumente und Ressourcen aus dem Buch

Dokumentenvorlage für ein Videodrehbuch inklusive Mustertext

Honorarrichtlinie von VBT und BDVT

Liste mit Tools für mehr Interaktion im Online-Raum

Vergleich der Interaktionsmöglichkeiten in den Webinar-Plattformen Zoom, Microsoft Teams, Webex Meeting

Video mit Tipps, wie Sie den Teilnehmenden Orientierung und Sicherheit im Online-Raum geben

Handout mit Tipps zur Selbstorganisation von Teilnehmer*innen

Liste mit Informationen zur aktuellen technischen Ausstattung der Autorin

Nachwort: Jetzt sind Sie dran!

Sie haben sich nun mit meinem E-Learning-Kompass vertraut gemacht und einen Rundumblick zur Einführung moderner, digitaler Lernangebote gewonnen. Einiges werden Sie vermutlich bereits gekannt oder sogar schon umgesetzt haben und Sie verspüren nun hoffentlich das positive bestärkende Gefühl, auf dem richtigen E-Learning-Weg zu sein.

Möglicherweise sehen Sie verschiedene Aspekt nach der Lektüre des Buches aus einer völlig anderen Perspektive als bisher. Lassen Sie diese neue Sichtweise auf sich wirken, diskutieren Sie darüber vielleicht auch mit anderen und überlegen Sie auf dieser Basis, wie Sie weiter vorgehen möchten. Es kann natürlich auch sein, dass Sie erst beim Lesen so richtig erkannt haben, was alles noch vor Ihnen liegt, und Sie schwanken nun in einem Wechselbad der Gefühle zwischen Vorfreude und Überforderung. Das ist angesichts der immensen Veränderungen, die im Bereich E-Learning noch auf uns alle zukommen, mehr als verständlich. Fokussieren Sie in diesem Fall immer wieder bewusst auf die positiven Aspekte, die die Digitalisierung des Lernens und Lehrens mit sich bringt. Viele dieser Aspekte haben Sie im Buch ja bereits kennengelernt. Auf jeden Fall gilt: Die Neugestaltung von Lernprozessen ist heute nicht mehr eine bloße Option, sondern ein absolutes Muss. Aber vergessen Sie dabei niemals, dass sich dieser Wandel Schritt für Schritt vollziehen darf!

Einer der Teilnehmer meiner Ausbildung zum Online-Trainer, die die wesentlichen Eckpfeiler dieses Buches umfasst, formulierte sein Abschlussfeedback wie folgt: „Während der Ausbildung war es so, als würde ich mein Fahrrad, das im Keller bereitstand, hervorholen, um es ganz genau zu betrachten, die Funktionsweisen zu hinterfragen, neue Teile zur Ausstattung zu erhalten und auch Ideen geliefert zu bekommen, wie ich Teile dieser Ausstattung anders montieren und verwenden könnte. Das war höchst spannend und brachte ein ganz neues Fortbewegungsmittel mit sich. Jetzt, am Ende der Ausbildung, ist mir klar: Damit fahren und in die Pedale treten muss ich letztendlich selber!“

Besser kann man nicht ausdrücken, wie es von nun an auch für Sie weitergehen sollte. Denn jetzt sind Sie dran! Umsetzung, Üben und Ausprobieren sind gefragt! Und es geht jetzt vor allem auch darum, Ihre eigene Einstellung zum Thema Lernen und Lehren zu hinterfragen und entsprechende eigene Angebote zu schnüren. Dazu braucht es – um bei der Metapher Fahrrad zu bleiben – möglicherweise noch ein „Fahrtraining“, also die Investition in neue digitale Skills. Vielleicht geht es aber auch darum, die wichtigsten Personen im Unternehmen für eine solche E-Learning-

„Fahrradtour" zu begeistern. Wo immer Sie zu dieser Thematik gerade stehen und Handlungsbedarf geortet haben, setzen Sie nun die konkreten nächsten Schritte, um für die Zukunft entsprechend gerüstet zu sein. Mein E-Learning-Kompass zeigt Ihnen weiterhin den Weg! Beginnen Sie mit jener Blickrichtung, die für Ihre individuelle Situation den schnellsten Erfolgt verspricht. Zögern Sie nicht, zunächst nur kleinere erste Schritte zu setzen. Übernehmen Sie sich nicht und schöpfen Sie vor allem neue Motivation aus Ihren ersten Erfolgen. Die Tipps, Links und weiterführenden Checklisten dieses Buches werden Sie dabei unterstützen.

Gerade im Zusammenhang mit der Digitalisierung und auch der Forschung zu all diesen Themen verändern sich Möglichkeiten und Erkenntnisse extrem schnell. Als Einzelperson ist es daher nicht immer einfach, up-to-date zu bleiben. Organisieren Sie doch Ihr eigenes Netzwerk für einen fruchtbaren Austausch oder schließen Sie sich entsprechenden Communities an, wie zum Beispiel einer Trainervereinigung. Als Teil des Vorstandsteams der Vereinigung der Österreichischen Businesstrainer (VBT) achte ich darauf, dass wir gerade zu diesen Themenbereichen regelmäßig Angebote für unsere Mitglieder offerieren. Wir arbeiten in diesem Zusammenhang auch mit dem deutschen Trainerverband (BDVT) zusammen. Oder aber wir vernetzen uns über LinkedIn. Hier können Sie auch Teil meiner L&D-Gruppe werden. Es würde mich sehr freuen, auf diese Weise mit Ihnen, meinen Leser*innen, in Kontakt zu bleiben.

Was auch immer Ihre nächsten erforderlichen Schritte sind, ich wünsche Ihnen von Herzen viel Erfolg und erfahre gerne mehr über Ihre E-Learning-Erfahrungen.

Ihre
Sabine Prohaska

Literatur

ARNOLD, R.; KRÄMER-STÜRZL, A. & SIEBERT, H. (1999): *Dozentenleitfaden: Planung und Unterrichtsvorbereitung in der Fortbildung und Erwachsenenbildung.* Berlin: Cornelsen.

BALDWIN, T.T. & FORD, J.K. (1988): Transfer of Training – A Review and directions for future research. *Personnel Psychology,* 41, S. 63–105.

BLOOM, B.S. (1976): *Taxonomie von Lernzielen im kognitiven Bereich.* Weinheim und Basel: Beltz.

CHYUNG, Y.; WINIECKI, D.J. & FENNER, J.A. (1998): A Case Study: Increase Enrollment by Reducing Dropout Rates in Adult Distance Education. In: *Distance Learning ,98. Proceedings of the Annual Conference on Distance Teaching & Learning* (14th, Madison, WI, August 5-7, 1998).

GOTTSFREDSON, C. & MOSHER, B. (2011): *Innovative performance support:Strategies an practices for learning in the workflow.* Madison: McGraw-Hill.

HART, J. (2020a): *Modern Workplace Learning 2020.* ↗ https://www.it-daily.net/it-management/projekt-portfolio-management/20230-modern-workplace-learning-die-zukunft-des-lernens (im Kapitel „Lernen im digitalen Wandel – Anderes Denken und Handeln" wird daraus die Halbwertszeit von technischem Wissen zitiert).

HART, J. (2020b): *Top Tools for Learning 2020.* ↗ https://www.toptools4learning.com

HART, J. (2020c): *Modern Workplace Learning 2020.* ↗ https://www.modernworkplacelearning.com/cild/back-to-basics/the-4-ds-of-learning

HATTIE, J.A.C. (2009): *Visible learning. A synthesis of over 800 meta-analyses relating to achievment.* London: Routledge.

KERRES, M. (2018): *Mediendidaktik. Konzeption und Entwicklung digitaler Lernangebote.* Berlin: De Gruyter.

KERRES, M. (2016). *E-Learning vs. Digitalisierung der Bildung: Neues Label oder neues Paradigma?* In: Hohenstein, A. & Wilbers, K. (Hrsg.): *Handbuch E-Learning.* Köln: Fachverlag Deutscher Wirtschaftsdienst.

KONRAD, K. (2014): *Lernen lernen – allein und mit anderen.* Wiesbaden: Springer VS.

KOLB, D. A. (1984): *Experiential Learning: Experience as the source of learning and development.* Englewood Cliffs: Prentice-Hall.

MEYER, H. & JANK, W. (2009): *Didaktische Modelle.* Berlin: Cornelsen.

PAPIA B. (2016): *Retention in Online Courses: Exploring Issues and Solutions – ALiterature Review.* ↗ https://journals.sagepub.com/doi/full/10.1177/2158244015621777

PROHASKA, S. (2017): *Training in der Praxis. Trainerkompetenz auf den Punkt gebracht.* Paderborn: Junfermann.

PURPS-PARDIGOL, S. (2015): *Führen mit Hirn. Mitarbeiter begeistern und Unternehmenserfolg steigern.* Frankfurt a.M.: Campus.

REIMANN, P. & ZUMBACH, J. (2001): *Design, Diskurs und Reflexion als zentrale Elemente virtueller Seminare.* In: Hesse, F. & Friedrich, F. (Hrsg.): *Partizipation und Interaktion im virtuellen Seminar* Münster: Waxmann, S 135–163.

SALMON, G. (o.J.): *Das Fünf Stufenmodell des Online Lernens.* ↗ https://www.gillysalmon.com/five-stage-model.html

SCHULMEISTER, R. (2005): *Lernplattformen für das virtuelle Lernen,* München: Oldenbourg.

STEINMAYR S.; IMMECKE J. & ROSOMM D. (o.J.): *Der Didaktik Architekt. Wirksame Lernformate bauen, ohne Didaktik-Profi zu sein.* ↗ https://bildungsinnovator.de/ich-will/trainingsprojekte-richtig-umsetzen/der-didaktik-architekt-das-buch

WEINBAUER-HEIDL, I. (2016): *Was Trainings wirklich wirksam macht. 12 Stellhebel der Transferwirksamkeit.* Hamburg: Tredition.

ZICHERMANN, G. & CUNNINGHAM, C. (2011): Gamification by Design: Implementing Game Mechanics in Web and Mobile Apps. Sebastopol: O'Reilly Media.

Index

Die Autorin

Sabine Prohaska

Inhaberin von *seminar consult,* Trainerin, Coach, Autorin

Seit über 20 Jahren ist die Wirtschaftspsychologin erfolgreich als Managementtrainerin tätig.

Sie hat langjährige Erfahrung in der Beratung und Begleitung von E-Learning Projekten und unterstützt Organisationen darin, professionelle (Online-)Trainingskonzepte zu erstellen und umzusetzen. Dabei ist ihr die Humanisierung von Lernwelten ein besonderes Anliegen. 2018 wurde ihr Lehrgangskonzept zur Ausbildung von Blended Learning Trainern mit dem europäischen Trainingspreis in Gold ausgezeichnet, weil es ihr gelang, soziales und kollaboratives Arbeiten im virtuellen Raum gewinnbringend und nachhaltig einzuführen.

Sabine Prohaska ist im Vorstand der Vereinigung der Business Trainer Österreich (VBT), Professional Speaker der German Speakers Association® und Autorin der Bücher „Coaching in der Praxis" (2013), „Lösungsorientiertes Selbstcoaching. Ihren Zielen näher kommen – Schritt für Schritt!" (2016) und „Training in der Praxis – Trainerkompetenz auf den Punkt gebracht" (2017) sowie zahlreicher Fachartikel.

Weitere Informationen erhalten Sie unter ↗ https://www.seminarconsult.at